COMMENT SAUVER L'ENTREPRISE

Groupe Eyrolles
61, bd Saint-Germain
75240 PARIS Cedex 05

www.editions-eyrolles.com

© Groupe Eyrolles, 2015
ISBN : 978-2-212-56097-8

Daniel Cohen

Préface de Jacques Attali

Comment sauver l'entreprise

Comprendre - Anticiper - Agir

EYROLLES

*Les situations de crise mettent
souvent les entreprises et les individus à nu.*

*Ceux-ci ont construit de très belles sociétés,
ont un parcours exemplaire, et si ce n'est pas
la première fois qu'ils sont en difficulté,
c'est la première fois qu'ils se retrouvent
dans une situation de crise.*

*Certains de leurs partenaires habituels les chargent
de tous les maux et les critiquent,
c'est en quelque sorte l'hallali.*

*On ne peut pas aborder une mission de gestion
d'entreprises en crise de la même façon
qu'une mission de conseil traditionnelle.*

Des relations fortes sont rapidement à tisser.

*Il nous faut manifester un maximum de respect
avant de plonger dans ces missions qui sont avant tout
des aventures humaines extraordinaires.*

REMERCIEMENTS

Jacques Attali m'a fait l'amitié d'accepter de préfacer cet ouvrage et je l'en remercie. Il s'est en effet déjà intéressé au sujet de la survie des entreprises. Dans son livre *Survivre aux crises*[1], il a identifié 7 principes de survie applicables des individus aux États en passant par les entreprises. Ces principes sont les suivants : se respecter soi-même, valoriser son temps, travailler son empathie, développer sa résilience, améliorer sa créativité, viser l'ubiquité, penser révolutionnaire. Lors de la rédaction de son livre, nous avions échangé sur la mise en application pratique de ces recommandations au niveau des entreprises.

Dans l'ouvrage que vous vous apprêtez à lire, ces 7 principes sont sous-jacents au travers de mes recommandations pour le sauvetage des entreprises. Mais je me suis davantage attaché à traiter le thème de la gestion de crises, en mettant en exergue, entre autres, les obstacles rencontrés dans la réalisation pratique, et les techniques à utiliser pour surmonter les résistances aux changements qui ne manqueront pas de naître.

---

1. Jacques Attali, *Survivre aux crises*, Fayard, 2009.

SOMMAIRE

PRÉFACE

Analyser les raisons qui peuvent conduire une entreprise au bord de la faillite, et les étapes à suivre pour remédier à ses difficultés et assurer son avenir : c'est ce que Daniel Cohen se propose de faire, de manière à la fois rigoureuse et concrète, à la lumière de sa longue et riche expérience, dans son ouvrage *Comment sauver l'entreprise*.

Au fil de cette analyse, il nous invite à réfléchir à ce qu'est une entreprise, et aux facteurs qui peuvent contribuer à son succès ou à son échec.

L'entreprise du XXIe siècle est un cirque : un espace où des talents individuels passionnés se rassemblent pour produire une attraction collective, le temps d'un spectacle. Elle doit, pour survivre, réussir à articuler ce temps court et le temps long.

L'entreprise est, tout d'abord, confrontée à un public à la fois exigeant et volatile : les consommateurs. Pour les satisfaire, elle doit faire preuve d'agilité et être capable de redéfinir les fondamentaux de sa stratégie en fonction de l'évolution de son environnement, sans oublier ses valeurs.

L'entreprise-cirque doit également faire face à un autre défi : retenir ses talents, et en attirer de nouveaux. Or, nous sommes tous, avant tout, entrepreneurs de nous-mêmes, voire des mercenaires des entités qui nous emploient. L'entreprise doit donc produire des raisons d'être loyal, l'envie durable de collaborer au service d'un projet commun.

L'entreprise peut être tentée de répondre aux exigences de ces deux publics volatiles dans l'urgence, c'est-à-dire en privilégiant le court terme. Une telle myopie les pousse à négliger les signaux faibles qui annoncent les ruptures technologiques, économiques, sociétales à l'échelle d'une ou de deux décennies, et les condamne à l'échec. Elle peut, par exemple, les faire tomber dans le piège du dilemme de l'innovateur : refuser de se préparer au futur par peur de mettre en péril les rentes du présent. Daniel Cohen explique bien dans son ouvrage comment le poids des habitudes peut conduire à un déni de réalité qui amplifie les crises que connaissent les entreprises, et les empêche de les surmonter.

La crise économique mondiale, et les crises vécues par les entreprises illustrent les impasses auxquelles mène la tyrannie du court terme. Sans un changement de modèle, elles ne pourront que se répéter au niveau entrepreneurial, comme à celui de l'économie dans son ensemble.

Les crises nous invitent donc à jeter les bases d'une économie positive. Au niveau de l'entreprise, par une redéfinition de l'intérêt social pour que celui-ci prenne en compte l'ensemble des parties prenantes, au-delà des seuls dirigeants et actionnaires. Et au niveau de l'économie tout entière, par un capitalisme plus patient, fondé sur l'altruisme et la prise en compte de l'intérêt des générations futures.

De nombreux moyens concrets existent pour réconcilier les entreprises avec le long terme. La modulation des droits de vote en fonction de la durée de détention des actions est l'un d'entre eux. La conduite de véritables politiques de responsabilité sociale et environnementale en est un autre. Tous deux reposent sur l'idée que l'altruisme est avant tout un service que l'on se rend à soi-même. Pour la mettre en application, encore faut-il avoir le courage de tirer les leçons de nos échecs. Daniel Cohen invite les dirigeants à le faire, à l'échelle de leur entreprise. Il est tout aussi indispensable que nous le fassions, collectivement.

Jacques Attali

INTRODUCTION

UN SUJET D'ACTUALITÉ

Cet ouvrage a été commencé il y a plus de deux ans, avant même que le sauvetage des entreprises ne devienne un sujet public avec, entre autres, la création d'un ministère du Redressement productif.

Ma longue fonction de dirigeant d'entreprise et mes nombreuses missions de redressement de sociétés en situation de crise m'ont amené à lire beaucoup d'ouvrages français et anglo-saxons sur ce thème que je termine toujours avec un sentiment de manque, les conseils prodigués pouvant sembler vains. Je reste persuadé qu'il faut une solide expérience de terrain pour comprendre les subtilités des situations des entreprises en difficulté.

Alors, pourquoi écrire un livre supplémentaire sur le management, et plus particulièrement sur la posture à adopter dans un contexte de crise? Dans le but de sauver une entreprise, me direz-vous? Oui, et pour diverses raisons. Tout d'abord, comme souvent dans la vie, on ne déclenche une action que lorsque la conjonction de plusieurs causes réunies le permet. Ensuite, frustré d'observer les mêmes comportements et les mêmes erreurs, je souhaite tenter ici de faire comprendre que le sauvetage d'une entreprise est possible à la condition d'être proactif et d'anticiper le point critique de non-retour, lequel est le plus souvent prévisible. Enfin, c'est un sujet qui me préoccupe depuis des années et j'espère que cet ouvrage saura vous donner les clés de lecture nécessaires pour décoder ces situations complexes.

Guidé par mon expérience du terrain, je souhaite vous faire vivre l'entreprise en vous immergeant dans les univers et les microcosmes que j'ai expérimentés. Aussi, j'ai pris la décision d'orienter mon sujet sur le sauvetage des entreprises en y ajoutant une dose de passion... J'espère que cette envie de partage vous emportera d'un bout à l'autre de cet ouvrage et vous apportera les clés pour sauver votre entreprise ou bien pour comprendre, en tant qu'acteur, les rouages de ces mécanismes en mouvement.

L'ENTREPRISE EN DIFFICULTÉ : UNE POSITION « AUX LIMITES »

Traiter du thème de la gestion des entreprises en difficulté ou faisant face à un manque de performance, revient immanquablement à s'intéresser à l'un des sujets les plus compliqués du management. Pourquoi? Tout simplement parce qu'il paraît impensable de théoriser la gestion de la défaillance. Il est communément admis d'enseigner des événements récurrents, modélisables, repérables ou compréhensibles qui sont évidemment plus aisément explicables. En revanche, lorsque l'on se trouve confrontés à cette inconfortable «position aux limites», il semble impossible de donner un sens aux choses. Et pourtant, nous allons nous attacher ici à montrer et à démontrer que les entreprises, quelle que soit leur taille, ont un comportement, la plupart du temps, identique face à des difficultés similaires. Ce travail aux «limites du management» que nous développons dans cet ouvrage est un sujet des plus passionnants, car il permet d'observer les retournements de situation ; cette limite invisible qui fait passer d'un état où tout est encore possible pour sauver une entreprise, à un stade où tout devient vain. Dans de tels contextes, l'impossible doit devenir possible. Il y a alors obligation de comprendre et de réagir, et donc de se dépasser en allant chercher des solutions qui n'étaient pas établies.

DE L'ANTICIPATION À LA LIQUIDATION D'UNE ENTREPRISE

Cet ouvrage portera le lecteur de la phase d'anticipation, où les problèmes peuvent encore être évités, à la liquidation, couperet qui sonne le glas. Nous cheminerons de cette phase d'anticipation aux phases suivantes : entrée en difficulté, descente lente ou rapide, crise, réactions pour s'en sortir hors ou au sein du circuit judiciaire, poursuite de la chute jusqu'à la liquidation ou, au contraire, utilisation des outils pour rebondir et poursuivre une nouvelle vie.

L'ANTICIPATION DANS UN ENVIRONNEMENT FLOU

La gestion des crises, la recherche de la performance, le retour à une position compétitive sont autant de sujets qui demandent anticipation, vision stratégique, position prospective. Il faut savoir que ces situations de rupture se déroulent, la plupart du temps, dans des environnements perçus comme flous par les acteurs concernés, ceux-ci adoptant en réaction une posture de blocage. La question qui se pose est : comment opérer un retournement stratégique avec une intervention opérationnelle adaptée, dans un environnement flou ? D'une part, il s'agit de se doter des moyens de perception (en particulier des signaux faibles ou des risques) adéquats pour dépasser notre perception initiale de l'environnement et voir ainsi plus loin ; d'autre part, il est nécessaire de mettre en place des moyens de contrôle et des indicateurs pertinents (outil de mesure des risques, d'écoute du terrain) qui permettront à l'entreprise d'avoir un pas d'avance sur son environnement, élément essentiel à toute démarche d'anticipation.

> Il n'est pas question de prendre conscience de la situation alors que la crise est bien installée, mais de la prévoir.

L'environnement flou ne doit pas empêcher tout acteur de bien comprendre la nécessité de choisir une stratégie cohérente et de s'y tenir, en se donnant les moyens de la mettre en place. Ces environnements flous obéissent souvent à des règles non verbalisées (comme l'évolution dans le temps de certains risques) et seules la prise de conscience et la réflexion commune les rendent compréhensibles.

LE POIDS DES HABITUDES ET LA MATURITÉ D'ENTREPRISE

Cet ouvrage traite du thème du sauvetage de l'entreprise, de son niveau stratégique à son niveau le plus opérationnel. Bien qu'il soit absolument indispensable de définir une stratégie, de la faire partager, de s'y astreindre et de créer des conditions optimales à sa mise en œuvre, il ne faut pas oublier que c'est le degré de maturité de l'entreprise qui détermine sa capacité à évoluer.

> Le degré de maturité, dans sa définition CMM (Capability Maturity Model), définit la structure apprenante d'une entreprise ; celle qui lui permet de s'améliorer continuellement.

Une entreprise aura un degré de maturité d'autant plus élevé qu'elle sera capable, entre autres, de déployer explicitement et de façon cohérente des processus qui seront gérés, mesurés, contrôlés et surtout continuellement améliorés. C'est pourquoi, le bouleversement des habitudes et des pratiques dans une entreprise, qu'elle soit jeune ou moins jeune, reste toujours un défi à relever.

POURQUOI VIVONS-NOUS ENCORE ET TOUJOURS DES PHASES DE DÉNI DE RÉALITÉ DANS LES CRISES D'ENTREPRISE ?

Quelle que soit la crise, les acteurs traversent toujours une phase de déni de la réalité[1]. On le constate chaque jour autour de nous ; il suffit de suivre l'actualité pour voir ce scénario se répéter encore et encore. Aucun pays n'est épargné par ce phénomène. Les délais pour obtenir les premières réactions sont souvent trop longs, sans parler du temps qu'il faut pour accepter la réalité puis mettre en place des plans d'actions efficaces. Les entreprises réagissent de la même façon ; les difficultés annoncées de SeaFrance, Technicolor, Doux, Alcatel n'auront pas pour autant permis la mise en place de plans adéquats de sauvetage.

Personne ne voit-il donc ce qui se passe ?

Ce déni est d'autant plus prégnant que l'on est au sommet de la hiérarchie de l'entreprise ou du service public concerné. C'est ainsi, et tout simplement humain : le choc de l'inattendu vient bouleverser la vision de la réalité, et la remise en cause pose problème. On le vit au quotidien, chaque individu, quel que soit son niveau, a besoin de reconnaissance. Et plus on est haut placé dans la hiérarchie, moins on en a. Bien au contraire, plus on a tout à prouver. La hiérarchie va donc tout faire pour au moins «sauver son propre bilan». On arrive alors à un choc d'intérêts

---

1. Cf. chapitre 1.

entre, d'un côté, management et actionnaires, et de l'autre, représentants du personnel et syndicats. Dans certains cas, même si les deux parties semblent avoir raison, elles ne perçoivent tout simplement pas la situation de la même façon.

Il y a toujours une sous-estimation des conséquences de la crise, au début du processus

Cela dit, si l'on veut sauver une entreprise, il faut alors revenir rapidement à la réalité. Des IBM, des Eurotunnel, ont réussi à survivre malgré un niveau de difficulté très élevé alors que des Alcatel, des Technicolor, des filières entières sont en cours de disparition.

CHAPITRE 1

CHRONOLOGIE DES ÉVÉNEMENTS POSSIBLES

*Les premières étapes
des difficultés de l'entreprise*

Ce chapitre vient poser les repères indispensables pour comprendre les premières difficultés rencontrées, l'enchaînement des événements de l'entreprise en crise, la prise de conscience et le sens du sauvetage.

LE CYCLE D'UNE CRISE : DEPUIS LES SIGNAUX ANNONCIATEURS DES DIFFICULTÉS JUSQU'AU SAUVETAGE OU À LA LIQUIDATION

Voici un schéma qui tente de résumer les enchaînements possibles dans le temps avec, en abscisse, le temps, et en ordonnée, l'activité de l'entreprise (à 100 si elle est normale, à 0 si l'activité s'arrête définitivement avec sa disparition).

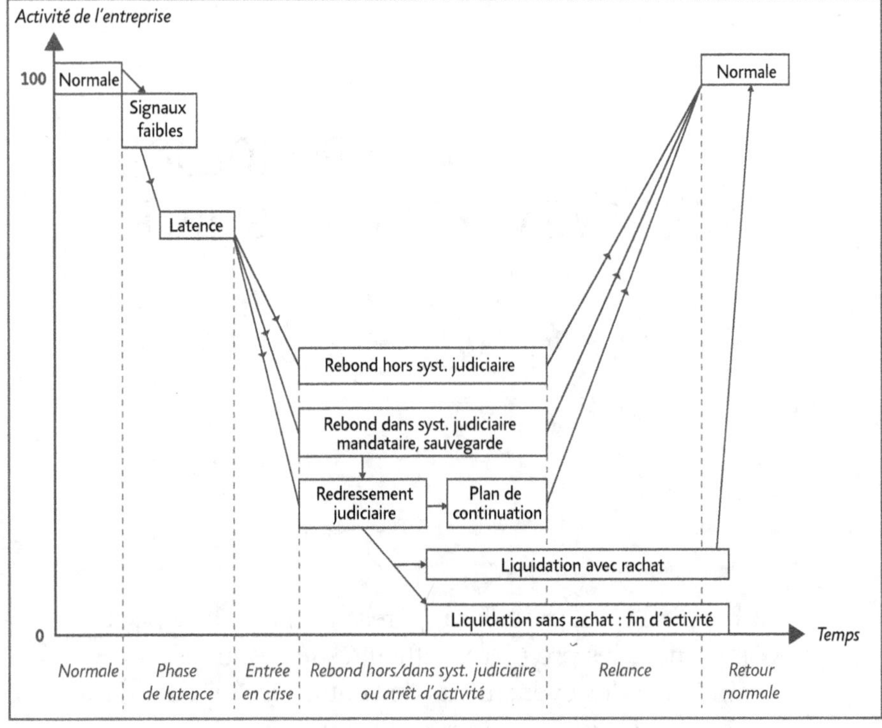

Figure 1-1 : Étapes du sauvetage de l'entreprise

Nous allons distinguer plusieurs étapes qui seront décrites dans cet ouvrage :

- les signaux faibles avant le début de la crise ;
- la phase d'attente avant la recherche de solutions ;
- l'enchaînement des étapes pour sauver l'entreprise hors ou dans la voie judiciaire ;
- le rebond vers le retour à la normale ou la chute vers la disparition.

Les étapes pour sauver l'entreprise seront détaillées en fonction de la nature des difficultés.

À QUEL MOMENT UNE ENTREPRISE EST-ELLE CONSIDÉRÉE COMME ÉTANT EN DIFFICULTÉ ?

L'entreprise est naturellement et continuellement confrontée à un enchaînement de difficultés

L'entreprise est constamment confrontée à des enchaînements de difficultés de toute nature : obtention ou refus
de financements, variation de besoin de fonds de roulement (BFR) à couvrir, grognes sociales, pannes informa-
tiques, organisation à optimiser, refus du changement,
maîtrise des coûts, fermeture de sites... la liste est longue !

Et c'est parce que l'entreprise est vécue par les dirigeants comme un enchaînement continu de difficultés diverses, que ceux-ci finissent par considérer cet
état de fait comme une normalité. Ainsi, bien souvent,
ne détectent-ils pas et ne veulent-ils pas reconnaître
l'entrée dans une phase de crise plus aiguë qui, à
terme, peut devenir une menace pour la survie de
l'entreprise.

L'entreprise doit faire face à un défi permanent : assurer sa croissance. Cette dernière, bien appréhendée, est

créatrice d'une émulation positive, avec des embauches et des perspectives intéressantes pour les salariés. Pour l'actionnaire, la croissance engendre aussi l'espérance d'une plus-value attractive. Et pour le banquier, elle génère un flux de cash plus important. Mais cette euphorie peut faire oublier que, raisonnablement, une entreprise doit acquérir, à tous les niveaux, une agilité lui permettant d'appréhender des cycles de croissance et de chute sans pour autant la mettre en péril.

> Ces fluctuations de cycles font partie de la vie d'une entreprise, bien que ce principe ne soit pas communément admis et enseigné.

Quand apparaît la situation de rupture ou de crise ? Quelle différence y a-t-il avec les difficultés courantes ?

Le thermomètre de la criticité d'une crise est souvent le besoin de cash. Pour beaucoup d'entreprises, le passage en phase critique est révélé par une crise de trésorerie annoncée. L'entreprise ne peut plus payer ses fournisseurs, verser les salaires ou honorer une échéance du plan de remboursement d'une dette. Dès lors, la crise est avérée et l'obligation de la reconnaître s'impose au management. Pourtant, la crise s'est installée depuis un certain temps mais il faut ce passage critique en particulier pour, d'un seul coup, réveiller tous les acteurs et obliger l'entreprise à mettre un plan drastique en place.

Certes, il est habituel que les entreprises rencontrent des problèmes de trésorerie mais ce qui va distinguer une société confrontée aux difficultés courantes de celle en réelle difficulté économique, c'est le côté chronique de cette situation. La perte de confiance des acteurs proches de l'entreprise, tout spécialement des actionnaires et des prêteurs habituels, révèle son entrée en situation de crise :

- Les prêteurs habituels, souvent les banques, découvrant la réalité de la situation qu'ils soupçonnaient cependant depuis un certain temps déjà, perdent alors confiance en un management qui leur promettait une amélioration sensible et en qui ils ont bien voulu croire, faisant fi de leurs doutes.

- Les actionnaires, dirigeants ou non, n'ont plus les moyens financiers ni l'espérance d'un retour rapide à la normale, notamment pour réinjecter du cash, traduisant ainsi une perte de confiance dans le business model même de l'entreprise.

Cette perte de confiance partagée par les actionnaires, les dirigeants et les divers créanciers marque la «prise de conscience» de l'entrée en difficulté.

Le management est-il le seul responsable ?

Nous sommes souvent en présence de torts partagés : tous, management, actionnaires, banquiers, etc., ont bien voulu croire en une issue favorable tout en ayant parfaitement conscience du type de fin qui se profilait.

Dans bien des cas, certains acteurs ont agi pour se «couvrir» afin que leur responsabilité ne se trouve pas engagée. Ils ont déclenché des alertes, envoyé des courriers, laissé des traces de leurs doutes, par e-mails par exemple. Mais personne n'est allé au bout de sa logique en déclenchant suffisamment tôt une vraie réunion de crise, chacun préférant croire qu'il n'était pas l'acteur légitime à le faire. Aucun n'a voulu assumer pleinement ses responsabilités. Le courage est nécessaire, mais avec le risque de se mettre hors-jeu ! Dans un tel contexte, qui veut engager sa responsabilité ?

La position d'équilibre, nous le verrons, est délicate à trouver. Est-il possible d'agir dans cet environnement, sans trop engager sa responsabilité, tout en faisant bouger les choses ? Cet exercice est comparable à arpenter un chemin sinueux sur une ligne de crête.

UN CYCLE DE CRISE AUX PHASES SUCCESSIVES TELLEMENT PRÉVISIBLES !

Le cycle d'une crise est un enchaînement de phases tout à fait prévisibles pour des instances averties. Or, dans cette première phase, les dirigeants sont encore bien seuls, confrontés au premier frein au sauvetage des entreprises : comprendre qu'il ne s'agit pas de difficultés courantes, mais que l'entreprise entre dans une crise réelle. Dès lors, reste à accepter la situation ; ce qui permet de mettre en place plus rapidement et plus efficacement la stratégie ainsi que les ressources nécessaires pour sortir l'entreprise de cette crise.

Les premiers freins au sauvetage d'une entreprise : comprendre et accepter le fait d'être en situation de crise

Nous sommes en présence de deux problèmes :

- Le premier concerne la compréhension de la situation : dans le contexte actuel, les dirigeants ainsi que les partenaires extérieurs impliqués doivent avoir une culture d'entreprise suffisante pour comprendre et identifier rapidement une entrée en crise et, répétons-le, distinguer la phase de crise caractérisée par son côté chronique au sein des difficultés courantes habituelles.

- Le second est la phase de déni qui survient juste après la reconnaissance de la réalité de la situation. En effet, il ne suffit pas de comprendre et de reconnaître l'entrée en crise, il faut ensuite l'accepter.

> Toutes les crises, quelles qu'elles soient, génèrent systématiquement une phase de déni plus ou moins longue. La bonne compréhension des mécanismes à l'œuvre dans une crise permettra de réduire la durée de cette phase. À l'inverse, une phase d'incompréhension couplée à une phase de déni ne peut que condamner l'entreprise à amplifier ses difficultés.

Les situations décrites dans ce chapitre peuvent aussi bien se produire dans une petite entreprise de quelques salariés qu'au sein des plus hautes instances de multinationales. Malheureusement, on constate que ces mécanismes réactionnels sont tellement installés qu'ils en deviennent prévisibles, et que tous les contre-pouvoirs mis en place ne suffiront pas à éliminer ces comportements; tout au plus, ils ne feront qu'en réduire la portée. Nous tenterons de comprendre plus loin les mécanismes psychologiques à l'œuvre dans ces phases-là.

Pourquoi un temps de latence avant réaction ?

Juste après l'événement symptomatique de l'entrée en crise, on constate généralement un temps de latence avant une quelconque réaction. Comment l'expliquer? Prenons l'exemple des personnes les mieux préparées au monde que sont les coureurs automobiles et les pilotes d'avion pour en fournir la raison. Ces personnes sont surentraînées à être dans l'anticipation permanente, dans le but d'éviter au maximum les situations qui peuvent les mettre en danger. On le sait bien, lors d'une course à grande vitesse ou d'un trajet aérien, l'inattendu est potentiellement synonyme de drame.

- Un coureur automobile vit en permanence sa course au ralenti. Comment fait-il? En anticipant, tout simplement. Il a à l'esprit une fraction de seconde d'avance sur les gestes à effectuer. Il négocie le virage à venir dans sa tête, avant même qu'il n'y soit; si jamais la «course le rattrape», alors il sera à la limite de la catastrophe et de l'erreur.

- Un pilote d'avion doit en permanence anticiper et *a fortiori* utiliser des check-lists, concentré des réactions à avoir dans certaines situations[1]. Il faut

---

1. Par exemple, en cas de défaillance d'un instrument de vol, tout est décrit ligne à ligne.

dire que le secteur aéronautique est particulièrement réglementé sur ce point. Il met à jour les fameuses check-lists chaque fois qu'un accident ou incident le nécessite. Et pourtant, ces pilotes, parfaitement entraînés et qui s'exercent régulièrement sur des simulateurs, connaissent toujours une phase de latence face à un incident majeur : le refus de croire que cela arrive. Mais l'expérience leur permet de se ressaisir en quelques fractions de secondes.

À l'échelle des États également, nous constatons régulièrement cette phase de latence. Elle est celle de la «stupeur», et précède toujours la phase du déni avant d'aboutir à l'acceptation de la situation par les dirigeants.

Les délais pour reconnaître une situation, tous pays confondus, sont significatifs : quelques jours, en Russie, après l'explosion de la centrale nucléaire de Tchernobyl (1986) ; deux semaines en, France, au moment de la canicule (2003) ; trois jours, aux États-Unis, après le cyclone Katrina (2005), ou plus récemment, au Japon, après l'accident nucléaire de Fukushima (2011). La catastrophe du tsunami de décembre 2004, avec près de 230 000 morts, a mis les États face à leurs responsabilités ; on peut toujours espérer des risques mieux maîtrisés dans le futur avec des systèmes d'avertissement opérationnels et efficaces.

Les chefs d'entreprise ne disposent pas du même entraînement sur simulateur que ces pilotes surentraînés, et ainsi bousculés par leur quotidien, ils n'anticipent pas. Bien entendu, pour la plupart, ils n'ont pas la même pression de l'opinion publique ou à éviter des situations mortelles. Cependant, ils ont une responsabilité certaine dans le maintien des emplois.

De nombreux exemples d'entreprises laissées à la dérive durant des mois, voire des années, ont pu être observés. C'est le cas d'Eurotunnel, d'Alcatel, de Technicolor, de CMA-CGM, et de bien d'autres tels SeaFrance et le groupe Doux :

- Frappée de plein fouet par la crise en 2008, SeaFrance a enregistré 20 millions de pertes cette même année ; les dirigeants de la compagnie de ferries transmanche, filiale de la SNCF, l'ont laissée à la dérive jusqu'en décembre 2009, date à laquelle le président du directoire s'est finalement décidé à saisir le tribunal de commerce de Paris pour demander une procédure de sauvegarde.

- Le groupe Doux a souffert du manque de réactivité de son président. En difficulté économique depuis 2009, notamment en raison des lourdes dettes liées à sa filiale brésilienne, le groupe n'a été placé en redressement judiciaire que le 1er juin 2012.

Chaque acteur joue son explication de la crise et la recherche des responsabilités : c'est alors le chaos

L'étape suivante, assez classique des situations de crise, consiste en une tentative d'explications et la recherche des responsabilités. Ainsi, dans tous les cas décrits précédemment, les acteurs ont rejeté toute responsabilité en recherchant la cause ailleurs : la crise économique, les changements réglementaires, la concurrence internationale...

Au lieu de construire un plan de sauvetage, ils se dirigent vers le chaos. C'est une phase d'incertitudes profondes durant laquelle chacun se sent piégé et ne sait quelle position ou décision adopter. Il devient alors de plus en plus compliqué de sortir de cette impasse collectivement partagée, comme nous l'avons vu précédemment, par tous les acteurs impliqués dans les rouages de l'entreprise : dirigeants, actionnaires, banquiers, etc.

POUR EXPLIQUER LE RETARD PRIS : LE COMPORTEMENT DES ACTEURS DANS LA CRISE, LA PSYCHOLOGIE DES DIRIGEANTS EN PHASE DE CRISE

La question du comportement du ou des dirigeants en phase de crise se pose. Sont-ils fautifs? Ont-ils fait des promesses qu'ils n'ont pas tenues? Sont-ils à la hauteur? Sont-ils les bonnes personnes pour résoudre la crise qu'ils n'ont pas su éviter?

Nous l'avons vu précédemment, la recherche des responsabilités aboutit la plupart du temps à une phase de chaos. Celle-ci met systématiquement les managers sur la sellette et leur tête est régulièrement demandée. Il ne faut cependant pas céder à la tentation de règlement de comptes en prenant des décisions trop hâtives, et en choisissant la facilité. Bien entendu, il est nécessaire de s'interroger sur les responsabilités mais quand bien même les dirigeants auraient failli, il ne faudrait pas les révoquer trop vite.

La remise en cause d'un patron d'exception

Nous sommes arrivés, avec mon équipe, en pleine phase de chaos dans une entreprise leader sur le marché de la construction immobilière. Les banques voulaient la tête du dirigeant. C'était, là même, la première tâche de notre mission : « Remplacer le dirigeant ». Celui-ci avait promis des retours extraordinaires pour ce troisième Leverage Buy-Out (LBO) à tous les acteurs. Il avait failli.

Nous étions face à une personne qui ne pilotait plus rien, qui ne comprenait pas ce qui se passait mais qui, de façon surprenante, ne semblait pas encore dépassée par la situation.

Les premières réunions avec son board étaient, à ce titre, caricaturales : il parlait et on l'écoutait sans que personne n'ose intervenir. Malgré tout, lors de la remise de notre premier rapport de diagnostic, ce dirigeant a bien voulu se remettre en cause et appliquer nos recommandations. Il faut dire également que la pression des acteurs extérieurs (banques, État, créanciers…) était forte.

À notre grand étonnement, il s'est très vite repris. En moins de deux mois, il a reconstitué les tableaux de bord qu'il ne demandait plus depuis que la société avait pris de l'essor ; il avait délégué sans conserver le minimum de contrôle nécessaire. Il a repris contact avec le terrain. Il s'est impliqué dans les discussions et les motivations du personnel. Le board s'est remis à fonctionner, à écouter, à parler et surtout à échanger.

Au regard de ce changement significatif de sa part, j'ai décidé de lui faire confiance et je n'ai jamais regretté de m'être battu pour qu'il conserve son poste de patron opérationnel. Il a grandement contribué au sauvetage de cette entreprise qu'il avait créée.

…/…

.../...

Certes, des dirigeants ouverts d'esprit à ce niveau-là sont rares. Le plus souvent, même dans des phases de dégradation extrême, la remise en cause n'est pas à l'ordre du jour et le « jusqu'au-boutisme » prévaut.

Une mauvaise décision ne signifie pas forcément un mauvais manager. Les seules vraies questions sont : a-t-il appris, retenu la leçon ? Saura-t-il éviter les mêmes erreurs ? Est-il suffisamment bien entouré ?

Nous avons observé que certains chefs d'entreprise peuvent développer un comportement jusqu'au-boutiste préjudiciable à leur entreprise. Il faut bien comprendre qu'un dirigeant qui a réussi, est souvent un visionnaire qui possède des qualités d'opiniâtreté et de volontarisme.

Le dirigeant peut aussi avoir les défauts de ses qualités ; par exemple, en ne se posant pas toujours les bonnes questions, en ne se remettant pas suffisamment en cause et en poursuivant parfois ainsi une solution trop hasardeuse. Dans certains cas, heureusement assez rares, cet état d'esprit peut contribuer à la chute d'une entreprise.

Mais avant de préjuger de l'homme, attachons-nous à comprendre certains mécanismes propres aux situations de crise : l'effet tunnel, la perte de repères, le poids de la culture d'entreprise, la nécessité d'une intervention extérieure. Ce faisant, nous dégagerons le comportement « médian » d'un dirigeant en phase de crise.

L'effet tunnel et la perte de repères

Un dirigeant confronté à une crise grave va vivre une accélération du temps. Dans ce contexte, il va devoir faire face à des prises de décisions de plus en plus nombreuses, de façon de plus en plus hâtive, et arrivant de toutes parts. Le rythme de gestion de son entreprise va s'accélérer.

Figure 1-2 : Dans un tunnel, concentration sur la lumière blanche

Or, tous les phénomènes d'accélération du temps aboutissent à une même conséquence physiologique et psychologique : le rétrécissement de la vision de la scène et de ce qui s'y passe.

En effet, des tests ont permis de démontrer que le pilote d'un véhicule lancé à grande vitesse voit son champ de vision rétrécir. Il a une vue focalisée sur un point précis, comme une personne qui traverse un tunnel dans l'obscurité fixant la lumière blanche qu'il aperçoit au bout. Ainsi, tous les signaux qui s'affichent à droite ou à gauche du champ de vision ne sont plus pris en compte.

C'est pourquoi le dirigeant qui se retrouve dans cette situation, risque de ne pas considérer des signaux lui indiquant qu'il fait fausse route. Il se focalise sur la solution qu'il pense être la bonne, ne cherchant même plus à la remettre en cause. Cette situation le met dans une position où, non seulement il ne tient plus compte des signaux d'alerte mais, de surcroît, s'autoconvainc d'être dans la bonne direction. Immanquablement, il va donc poursuivre dans cette voie. Et il se retrouve en perte de repères.

Le poids de la culture de l'entreprise

Dans le cas d'un pilotage d'un avion en situation complexe, de nombreuses études ont mis en évidence un risque additionnel de défaillance accentué lorsque le poids de la hiérarchie est élevé et le degré d'individualisme fort. Ainsi, toute chose étant égale par ailleurs, on constate presque trois fois plus d'accidents d'avion pour les compagnies aériennes qui ont ce schéma culturel. Lié au constat précédent, on n'est alors pas surpris de comptabiliser davantage d'accidents avec un commandant au pilotage qu'avec un copilote au pilotage. Tout simplement parce que le commandant est moins à l'écoute des avis et annonces de son subalterne alors que le copilote, dans la même configuration, est plus attentif aux recommandations du commandant; ce dernier, ne pilotant pas, a de ce fait une vision plus large de l'environnement.

Ce biais culturel est valable pour une entreprise. Un environnement qui cultive notamment la distance hiérarchique et les individualismes en ne laissant pas le management intermédiaire s'exprimer, est plus enclin à rencontrer des difficultés.

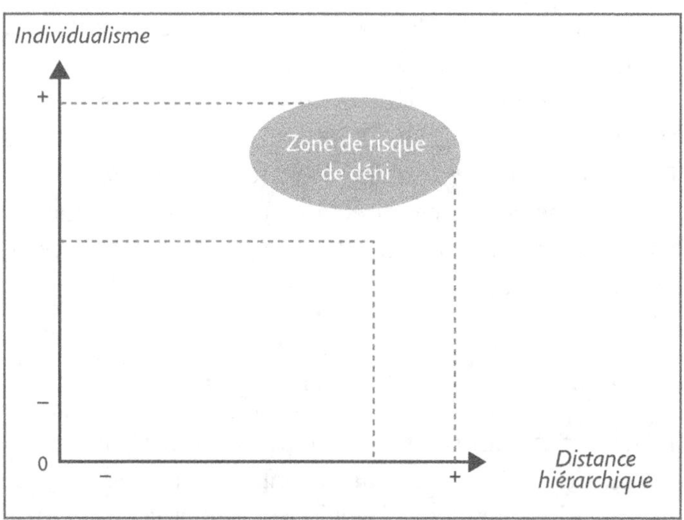

Figure 1-3 : Poids de la culture sur l'accroissement
du risque de déni

Le management subit cet état de fait s'il reste attaché à son jugement initial et n'est pas à l'écoute de
toute information susceptible de lui faire entrevoir
une solution autre que celle qu'il poursuit (on parle
alors d'«ancrage cognitif») ; plus encore, s'il s'obstine
à poursuivre l'action qu'il a engagée, même si l'effet escompté n'est pas au rendez-vous (on parle là
d'«escalade de l'engagement»). Il en découle une foca-
lisation sur la solution privilégiée. Le décideur ne voit
que les avantages de sa solution et les désavantages
des autres solutions qui lui sont présentées. Il y a une
surestimation du contrôle possible sur les événements.

Distance hiérarchique : plus ce degré est élevé, plus la
hiérarchie est respectée.

Individualisme ou collectivisme : plus ce degré est élevé,
plus l'individualisme prévaut sur le groupe.

Souvent à court d'arguments, les dirigeants ou les parties prenantes simplifient la situation en raisonnant par analogie, notamment par la transposition de cas simples aux cas plus complexes. L'utilisation de métaphores semble alors totalement déplacée et limite la confrontation. Combien de fois n'ai-je pas entendu : «Quand le feu prend et que les pompiers interviennent, ils n'ont pas le temps de discuter.» Ou bien : «Lorsque l'on est dans un ballon dirigeable et que l'on descend trop vite, on doit lâcher du lest même si ce sont des sacs d'or»... Oui, mais les pompiers comme les aérostiers s'entraînent tous les jours à ces situations.

À moins que vous ne vouliez refuser la confrontation des idées pour faire émerger la bonne solution, je vous recommande fortement de ranger les métaphores au placard !

LA TENTATIVE DE GLOBALISATION VERS LA RECHERCHE DE SOLUTION

Une fois ces premières étapes entérinées, la phase positive de la résolution de crise peut débuter. Les acteurs peuvent alors prendre de la hauteur, cesser de se chercher querelle et tenter de globaliser les éléments de la situation en s'orientant vers des solutions constructives.

POUR UN SYSTÈME APPRENANT : LE RETOUR D'EXPÉRIENCE

Savoir tirer profit des enseignements d'une crise maîtrisée, alors que la société vient d'être sauvée, lui permet, à l'instar des coureurs automobiles et des pilotes d'avion, d'écourter dans le futur chacune des phases précédemment décrites pour la maintenir efficacement et durablement à flot. Ne croyez pas que cela soit aussi simple car au-delà des mots et des postures, il faut être vraiment conscient des enseignements à retirer.

Certaines entreprises n'y réfléchissent même pas et réitèrent à l'identique les situations, avec des conséquences de plus en plus importantes. D'autres font le travail d'analyse mais ne se sentent pas concernées, comme si elles étaient toujours restées en phase de déni après avoir été contraintes par des acteurs extérieurs d'adopter un plan de sauvetage. Cette attitude témoigne de l'importance de chacune des phases du cycle précédemment décrit.

Enfin, il y a quelques rares entreprises qui ont une vraie prise de conscience de la situation et qui ont pris le temps d'en comprendre les causes. Se posant les bonnes questions, elles s'organisent alors efficacement pour ne pas revivre le même cas de figure.

Au niveau individuel, depuis le plus haut dirigeant jusqu'au plus simple salarié, chacun va tenter de se prouver qu'il a bien agi et que tout était la faute d'autrui. C'est pourquoi il risque d'agir exactement comme dans le passé. Il faut donc à tout prix rester vigilant pour éviter cette répétition.

CHAPITRE 2

ENTRÉE EN CRISE

Savoir répartir la charge de travail entre la gestion courante de l'entreprise et l'exceptionnel lié à la crise

L'entrée en crise va avoir pour première conséquence d'accaparer le management, qui devra pourtant savoir libérer du temps pour gérer le quotidien.

L'ACTIVITÉ COURANTE DE L'ENTREPRISE

Le management en place a pour principal objectif de faire croître l'activité de l'entreprise, dans le respect de la stratégie définie. Une stratégie qui vise à optimiser la valeur de la société, à générer plus de profit pour les actionnaires, créer des postes et des perspectives pour les salariés. Tant que l'objectif est atteint, personne ne remet en question – dans une certaine mesure bien entendu – le management en place.

Dans ce contexte conforme aux attentes, le management veille alors à se concentrer en particulier sur les tâches courantes du développement de l'activité et de son organisation interne, s'adaptant aux enjeux stratégiques commerciaux, financiers, sociaux, humains...

L'ACTIVITÉ EXCEPTIONNELLE LIÉE À LA GESTION DE LA CRISE

L'entrée en phase de crise a une première conséquence sur le fonctionnement courant de l'entreprise : elle concentre l'attention du top management sur les effets de la crise au détriment de la gestion de l'activité courante, et cela sur une période indéterminée. Ce qui, bien entendu, accentue les effets négatifs de la crise sur l'entreprise.

La prise de conscience est donc ici décisive et permet de s'organiser au plus vite pour éviter cette situation, et pouvoir alors mener de front l'exceptionnel lié à la crise et le courant lié à l'activité normale de l'entreprise. En effet, parallèlement, si des précautions ne sont pas prises en compte, l'entreprise va continuer à s'enfoncer doucement dans une phase de crise plus sévère.

Bien souvent, le management ne comprend pas toujours suffisamment tôt les signaux avant-coureurs qu'il a tendance à assimiler aux difficultés courantes auxquelles il a pu faire face dans le passé.

Lorsque la crise est alors reconnue comme telle, ce qui arrive souvent de façon brutale, le management a tendance à concentrer toute son attention aux tâches inhérentes à la crise, c'est-à-dire :

- Suivre la trésorerie avec toutes les actions à mettre en place pour la reconstituer :
  - obtenir des délais des créanciers, des fournisseurs, des caisses sociales, des banques, des impôts…
  - mobiliser les créances clients ;
  - faire du factoring ;
  - réfléchir à un plan de réduction de coûts.
- Négocier avec les acteurs extérieurs :
  - les actionnaires pour soutenir l'entreprise dans cette mauvaise passe ;
  - les créanciers financiers pour rééchelonner la dette.
- Rechercher de nouveaux actionnaires, lancer des émissions obligataires.
- Informer et motiver le management intermédiaire et les salariés.
- Communiquer vers l'extérieur : rassurer les clients et les fournisseurs.
- Parfois ouvrir la voie judiciaire avec un mandataire ou un administrateur judiciaire.

Autant de tâches nouvelles, chronophages, qui demandent de l'énergie.

Le management, peu habitué à ces situations extrêmes, perd alors trop de temps entre arbitrage stratégique et décisions opérationnelles. Il doit, dans cette situation, répartir son temps entre gérer l'urgence de la crise, mettre en place une réflexion stratégique à long terme, et bien sûr administrer le courant.

Dans ces contextes de crise, il est recommandé de faire appel à des équipes spécialisées qui vont aider, dans un premier temps, à poser un diagnostic sur la situation de l'entreprise et l'origine des difficultés. Ce diagnostic peut être posé dans un laps de temps limité allant de une semaine à trois semaines, voire un mois dans des cas plus rares. Ce délai varie en fonction de la taille de l'activité et de la nature des difficultés.

Découverte de l'entreprise et de son fonctionnement	Collecte des données formelles et informelles relatives à la vie de l'entreprise	Analyses, élaboration d'options stratégiques et recommandations de mesures immédiates
Rencontres avec le management et les équipes : ▸ comprendre les hommes et leurs objectifs individuels, l'historique, les subtilités des activités concernées ; ▸ entrevoir d'éventuelles pistes de solutions venant des collaborateurs qui ne les ont jamais exprimées ou mises en œuvre.	Analyse sur site : plonger dans l'univers de l'entreprise. La plus grande erreur d'un consultant opérationnel est d'attendre sur place que les documents lui soient transmis.	Analyse de l'environnement extérieur et définition des nouvelles lignes stratégiques : ces nouvelles lignes resteront à affiner. .../...

.../...

Revue de l'organisation : ▶ culture de l'entreprise ; ▶ freins au changement.	Recueil des informations.	Éléments pour élaborer un nouveau business plan.
Degré de maturité.	Plan de trésorerie : avoir de la visibilité sur la génération de cash à venir et les sorties à maîtriser.	Actions opérationnelles à court terme : en particulier, un plan de gestion des risques pour décider quelles sont les tâches prioritaires à un instant donné.

Figure 2-1 : Exemples d'étapes pour établir un diagnostic

LA RECHERCHE D'UN PARTAGE DU TEMPS OPTIMAL ENTRE CHARGE EXCEPTIONNELLE ET CHARGE COURANTE

Nous avons pu constater que ce volet est crucial dans la gestion d'une crise.

Malheureusement, la refonte de la stratégie de l'entreprise et les tâches à long terme sont souvent sacrifiées alors même qu'il s'agit là d'un pilier indispensable à la réussite d'une opération de sauvetage. En effet, il est vain de tenter de résoudre les problèmes à court terme si concomitamment on ne traite pas le mal en profondeur, notamment par une réorientation et une réorganisation stratégique de l'entreprise, car les problèmes d'hier vont générer les mêmes difficultés demain. Par ailleurs, la refonte du business plan, en respectant de nouveaux axes stratégiques, est une étape nécessaire qui va servir plus tard à convaincre les anciens actionnaires, et éventuellement de nouveaux, pour accompagner l'entreprise dans son recommencement. Cependant, cette étape est la plupart du temps complètement occultée par les difficultés en cours.

Pour mettre en place une organisation optimale en phase de crise, il est recommandé :

- d'identifier les tâches à effectuer en fonction d'un plan de gestion de tous les risques, à répartir entre les tâches courantes et les tâches liées à la crise ;

- de décider avec les acteurs impliqués dans la résolution de la crise, y compris les éventuels conseils extérieurs ;

- de nommer les opérationnels en charge des opérations courantes et de déléguer éventuellement pour libérer du temps ;

- de faire une revue hebdomadaire avec tous les acteurs autour de la table, étape souvent négligée mais très efficace, notamment à effectuer par téléphone les jours où il n'est pas possible de se réunir physiquement.

Quand la cause de la crise devient obsessionnelle et empêche un fonctionnement normal de l'entreprise

Le patron d'une entreprise, avec un savoir-faire de niche dans le secteur du BTP, est venu me voir. Sa société comptait un millier de salariés et enregistrait une centaine de millions d'euros de chiffre d'affaires. Un an auparavant, elle avait accusé un dépassement de 20 millions sur un chantier ; le donneur d'ordres s'était réfugié derrière le contrat forfaitaire pour payer une partie du dépassement. Ce chef d'entreprise, absolument certain de son bon droit, remuait ciel et terre pour être entendu et récupérer la somme probablement due. Il ne faisait plus que cela. Au cours des deux heures du premier entretien, il avait consacré 90 % du temps à me parler de ce litige. Il était venu me voir pour l'aider à le résoudre. Il fut très surpris lorsque je lui annonçais qu'il lui fallait isoler ce problème, reconstituer ses fonds propres et se consacrer à son activité qui, par ailleurs, se révélait rentable. En effet, la procédure engagée pouvait durer des années avant que, éventuellement, il obtienne gain de cause. Persuadé de son bon droit, il n'imaginait même pas qu'une personne extérieure au dossier, tel un juge, puisse ne pas lui donner raison !

Ce dirigeant devait confier la gestion de ce problème à un tiers, dans l'idéal au sein d'une structure *ad hoc*, et, lui, se consacrer à la relance de son activité pour aller de l'avant.

LA MISE EN PLACE D'UN OUTIL INDISPENSABLE : LE BAROMÈTRE DE LA GESTION DES RISQUES

La phase de crise demande un arbitrage entre toutes les tâches en cours : il y a souvent trop de tâches et il faut définir des priorités. La surcharge de travail ainsi générée ne peut pas être traitée par l'équipe interne, même si elle est accompagnée par une équipe de consultants opérationnels extérieurs.

Il apparaît très vite qu'une méthodologie adéquate s'appuyant sur la gestion des risques est nécessaire. Ainsi, dans cette phase, les méthodes de «gestion des risques» permettent au management de se concentrer sur l'évolution des risques et de leurs impacts au quotidien.

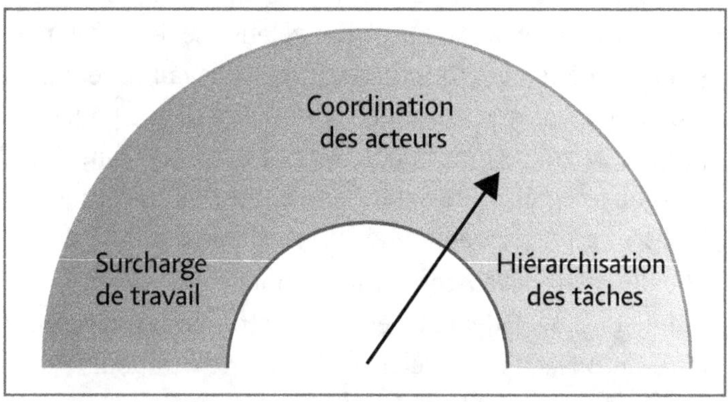

Figure 2-2 : Schéma d'un baromètre des risques

Cela impose, par exemple, au cours des réunions hebdomadaires de coordination réunissant l'ensemble des acteurs internes et externes à l'entreprise, de décider ensemble, de façon optimale, de la hiérarchisation des tâches et des arbitrages adéquats en fonction du contexte. Toutes les tâches ne pouvant pas être traitées en même temps, il est nécessaire d'avoir conscience de ses ressources et des véritables enjeux pour ainsi décider de traiter certaines d'entre elles maintenant et d'autres plus tard. Voir l'entreprise au travers de ce prisme paraît toujours optimal dans ces situations.

CHAPITRE 3

PROTAGONISTES

Parties prenantes, conseils, État : la recherche d'un avenir commun

Il s'agit ici bien plus qu'une simple énumération des intervenants dans le processus de sauvetage des entreprises. Nous allons insister, outre sur l'adhésion indispensable des parties prenantes, sur la recherche d'un point d'équilibre entre tous les acteurs concernés. Il faut bien comprendre que la réussite d'un sauvetage tient tout autant au bon choix des conseils, à la qualité technique de ses intervenants, mais également à la finesse de leur appréciation des non-dits.

À partir de là va se jouer un spectacle extraordinaire où ceux qui semblaient perdus peuvent gagner, où ceux qui étaient au sommet vont tomber et où des situations peuvent basculer *in extremis*.

Vivons maintenant les sujets qui vont animer les protagonistes de cette aventure unique.

LES PARTIES PRENANTES :
ACTEURS ET LEURS COMPORTEMENTS

Le chef d'entreprise, la gouvernance

Nous avons déjà décrit le comportement parfois jusqu'au-boutiste ou de déni de certains dirigeants dans une situation critique de leur entreprise. Nous avons vu également qu'en phase de crise, le besoin de reconnaissance de tout un chacun dans l'entreprise est très fort et impacte fortement les décisions de l'équipe managériale. La tentation d'accuser les facteurs exogènes est grande. Le chef d'entreprise est, à ce titre, particulièrement concerné. Il fera tout pour tenter de sauver son bilan et laisser de lui une image positive.

Ne pas maintenir le dirigeant en déni

Nous avons, avec mon équipe, accompagné opérationnellement un acteur du secteur du loisir numérique pour acquérir une entreprise en grande difficulté. Le fondateur et dirigeant de la société rachetée jouissant d'une grande réputation, il semblait naturel de lui proposer de rester à sa tête et d'accompagner son redressement. Pour ma part, j'étais très réticent à cette idée car malgré le dépôt de bilan de son entreprise, il voulait toujours convaincre son entourage que le marché s'était retourné en entraînant la perte de sa société.

Effectivement, le marché n'était plus porteur, mais il convenait de se poser la question du manque d'adaptation de cette société aux évolutions du marché avant d'organiser le maintien de son patron à sa tête.

.../...

Le résultat fut que, deux années après la fin de cette première mission d'acquisition, nous avons été rappelés pour reprendre le contrôle de cette société. J'ai d'abord été personnellement le directeur général chargé de faire partir ce dirigeant ; une tâche ingrate, délicate et difficile, mais absolument nécessaire. Un an plus tard, nous avions, avec mon équipe et une partie du management maintenu, réussi à revenir à l'équilibre d'exploitation et même à rendre l'activité rentable.

Alors pourquoi ce dirigeant n'y était-il pas arrivé ? L'explication, classique au demeurant, tenait en peu de mots : le manque de reconnaissance. Ce patron avait besoin, consciemment ou même inconsciemment, d'établir qu'il n'avait pas failli la première fois et qu'en renouvelant la même approche, cette seconde fois, il y arriverait. Ce faisant, il aurait pu se prouver et prouver à son entourage que des facteurs exogènes étaient bien à l'origine des difficultés. Mais cela n'a pas permis le retour qu'il escomptait.

Depuis ce fâcheux épisode, je suis très réticent à maintenir une équipe de management qui a failli à la tête de la même entreprise, sauf si je sens le recul nécessaire et une vraie capacité d'apprentissage à partir des erreurs du passé.

Mais au-delà des problèmes d'ego, les mécanismes à l'œuvre sont bien plus complexes qu'il n'y paraît.

Le management, après une phase où il a pu dépasser la posture de déni, va rechercher des solutions et mettre en place le plan adéquat à la situation. Il va ainsi devoir se consacrer au plan de sauvetage, c'est-à-dire partager son temps entre le fonctionnement courant pour soutenir l'activité et le management de crise.

Car un retournement bien mené va exploiter toutes les ressources internes de l'entreprise sous la direction du management en place.

Il est alors nécessaire de bien choisir l'équipe interne en charge de la situation de crise ainsi que l'équipe externe qui vient en support. Il faut, au plus vite, anticiper les besoins en ressources externes afin de pouvoir sélectionner une équipe parmi tous les acteurs référencés sur le marché. Il est important de rencontrer plusieurs d'entre eux pour que cette sélection s'opère en toute connaissance de cause et non pas par défaut ou par manque de temps. La suite du chapitre vous donnera quelques clés de lecture de ce que vous pouvez attendre de chacun.

Les salariés et leurs représentants

Pour les salariés, voir leur entreprise sombrer dans les difficultés est source d'anxiété et d'incompréhension, ainsi que de perte de confiance parfois vis-à-vis du management en place.

Source d'anxiété pour l'avenir car l'incertitude est la pire des situations à vivre. Or dans ces cas de figure, personne ne peut garantir une sortie indemne de l'entreprise ou sans dommages collatéraux.

Source d'incompréhension car souvent la crise gronde depuis longtemps et le sentiment qu'aucune action préventive n'a été mise en place à temps prévaut. Quand bien même les salariés auraient défendu une position dure dans le cadre de négociations anticipées, ils comprennent d'autant moins bien que ceux qui détiennent les rênes ont tant tardé à réagir. C'est pourquoi ils passeront tour à tour par des phases d'abattement, de révolte et de résignation. Et pourtant, il est indéniable que les salariés et les partenaires sociaux comptent parmi les principaux atouts d'un sauvetage réussi.

Si l'on fait abstraction des positions dogmatiques de quelques syndicats, en règle générale les partenaires sociaux sont des acteurs majeurs du changement. Il est incompréhensible que tant de dossiers et projets ne soient pas traités en concertation avec eux. Ne nous y trompons pas! Ils ont les moyens, ne serait-ce que d'influence, de débloquer certains freins aux changements nécessaires à la survie de l'entreprise.

Chacun défendra ses acquis. Dans ces phases de rupture, banquier, créancier ou actionnaire soutiennent leur position, et il est alors normal que des salariés revendiquent leurs acquis.

Je vais prendre un exemple lointain dans le temps, sur un sujet qui est de moins en moins dans l'actualité, mais qui illustre parfaitement à quelle vitesse ce qui peut sembler être un «acquis» peut se mettre en place dans l'esprit des personnes concernées.

La vitesse d'intégration d'un possible acquis

En 1999, je dirigeais l'un des leaders mondiaux du développement de jeux vidéo. J'avais été chargé de préparer les équipes de production à la mise en place programmée du passage aux 35 heures en 2000. En avance sur bon nombre d'entreprises, nous avions anticipé et préparé le sujet avec l'ensemble des cadres ; après de nombreux mois de négociation, nous étions fin prêts. Très impliqué dans ce processus, j'ai présenté cette mise en place aux équipes de production. Une dizaine de jours plus tard, j'ai rassemblé la trentaine de managers de ces équipes pour leur rappeler brièvement le processus

.../...

auquel ils avaient participé les mois précédents, les accords passés et ce qui en découlait concernant leur statut de cadres supérieurs : ils allaient être en statut « forfait jour annualisé » et donc avoir moins de jours de RTT que le reste des salariés. Grand silence dans la salle. Puis devant mon air interrogatif, rompant le silence, un manager a posé la question : « Comment se fait-il que nous, les managers, n'ayons pas le même traitement que les autres salariés et le même nombre de jours de RTT ? » J'ai dû leur rappeler qu'eux-mêmes, les managers, avaient largement participé au processus de mise en place des 35 heures et qu'ils étaient donc parfaitement informés de cette différence. La réunion a duré trois heures au lieu d'une heure prévue initialement, et il a fallu une seconde réunion pour apaiser les tensions. Ils m'ont reproché d'avoir omis de préciser, lors des présentations aux équipes, que le statut des managers aurait un sort différent des autres salariés de l'entreprise. Bien qu'ils aient participé aux discussions préalables, ils auraient souhaité que j'insiste plus particulièrement sur ce point.

Il aura fallu environ une dizaine de jours pour que des managers de trente ans, dans un univers fortement créatif, intègrent ce qui leur paraissait être un acquis et refusent de l'abandonner après explication de leur direction. C'est la rapidité à laquelle cela s'est produit qui est intéressante. Alors, imaginez un acquis d'une décennie, dans une société classique, avec une moyenne d'âge supérieure. Mission impossible ? Non, mais il faut prendre beaucoup de temps et privilégier la discussion.

Enfin, s'ajoute le poids du facteur culturel du pays dans la prise de décisions. Ici, le changement devient un facteur de stress supplémentaire. Et il convient de ne pas oublier que la population ne peut pas supporter une pression au-delà d'une certaine limite, variable selon les pays[1]. C'est pour ces raisons que certaines techniques de management anglo-saxonnes ne sont pas transposables, sans ajustement, à certaines populations européennes, notamment à la culture française. On a pu d'ailleurs constater dans certaines grandes entreprises de notre pays, comme France Telecom et Renault, des situations qui ont abouti dramatiquement à des séries de suicides.

> Le stress, dans une juste mesure, n'est évidemment pas évitable pour apporter du changement, mais cette pression doit être dosée et répartie dans le temps.

Les banques, les organismes prêteurs

Une entreprise ne peut pas vivre sans banque et sans organisme financier. Tout au long de sa vie, elle a une ou des banques de réseau pour gérer ses flux de cash. Lors d'opérations importantes (financement d'acquisition, financement de croissance, LBO...), l'entreprise va s'endetter auprès d'organismes bancaires traditionnels ou plus spécialisés.

Bien souvent, les entreprises en difficulté ont déjà utilisé plusieurs leviers de financement avant de se retrouver en crise, et il n'est alors pas rare de retrouver de nombreux organismes autour de la table des négociations. Et les derniers créanciers arrivés au sein du «pool des banques prêteuses» sont évidemment les

---

1. La France, par exemple, est connue pour être un grand consommateur d'anxiolytiques avec l'Espagne, l'Italie et la Belgique.

plus énervés car ils n'ont pas pu rentabiliser leur opération avant la phase de difficulté.

Les banques et les organismes financiers qui accompagnent les entreprises peuvent intervenir de diverses façons dans le financement des entreprises, avec des positions qui peuvent se révéler divergentes en phase de difficulté.

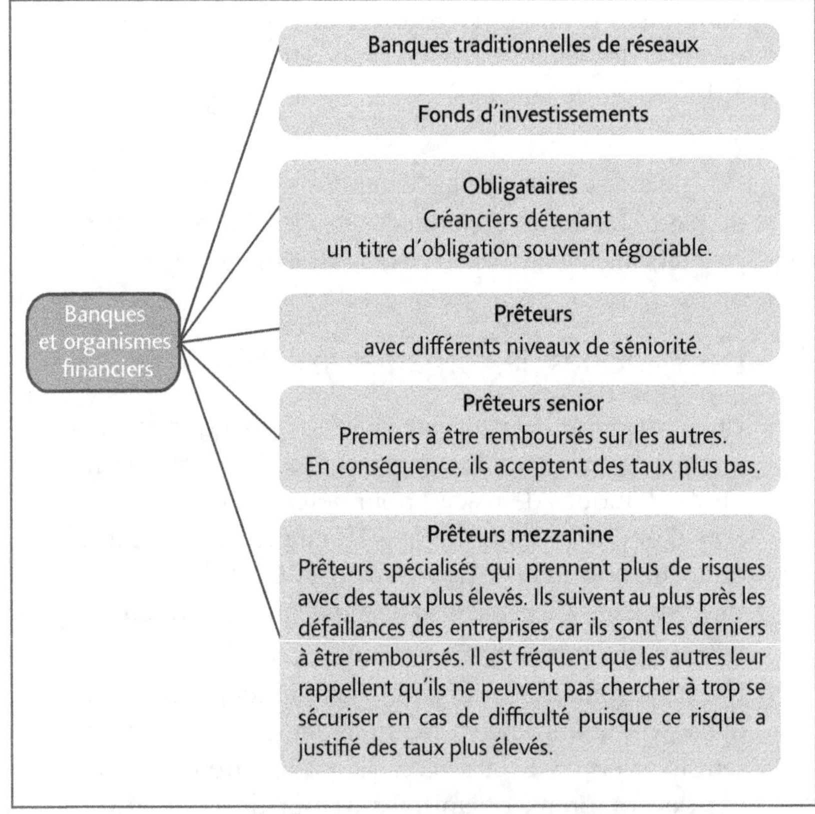

Figure 3-1 : Différents types de banques et organismes financiers accompagnant l'entreprise

Les établissements (financiers, créanciers, etc.) sont souvent déjà regroupés derrière un «lead», par exemple pour les besoins d'une syndication. Dans le cas contraire, lors d'une démarche de négociation, ils peuvent profiter de cette occasion pour en nommer un pour les représenter et éviter ainsi un risque de cacophonie. L'objectif est de tenter de fonctionner comme un groupe homogène vis-à-vis de l'entreprise. Même si tous les acteurs n'ont pas tous les mêmes objectifs, ils vont s'imposer de travailler de façon coordonnée. En particulier pour certaines décisions, comme le rééchelonnement de la dette où ils doivent s'accorder pour prendre parfois cette décision à l'unanimité. Ce point peut cependant se révéler problématique dans la situation où un établissement détenant, ne serait-ce que 1% de la dette, décide de bloquer un accord jusqu'à ce que certaines de ses demandes complémentaires soient acceptées. Pour compléter ce tableau déjà fort compliqué, des groupements minoritaires peuvent également se former autour de leur propre représentant.

En fonction des scénarios en présence, les acteurs «financiers et bancaires» sont différents comme le montre la figure 3-2.

Difficulté simple

- Demande de waiver[1] bien documentée pour l'aménagement d'un point précis d'un contrat de prêt comme la non-lecture ponctuelle d'un covenant.
- **L'équipe commerciale de la banque du client s'occupe de la discussion.**

Difficulté modérée

- Plusieurs covenants en défaut ou une demande d'investissement non prévue, mais indispensable.
  Il semble n'y avoir aucun risque pour la suite de l'activité et la capacité de l'entreprise à honorer ses engagements.
- **Organisation avec la direction commerciale de la banque et le support d'un cabinet de conseil chargé de revoir le BP.**
  Les actionnaires participent à un renforcement des fonds propres.

Difficulté élevée

- Bris de covenant majeur ou impossibilité de tenir le plan de remboursement avec possible demande d'abandon de créances à venir. Dossier transféré aux "affaires spéciales" de la banque :
  - Nouveaux interlocuteurs moins enclins à tenir compte d'une relation commerciale longue et de qualité avec la banque.
  - Prise de décisions : tenter de faire abstraction de l'historique de cette relation.
  - Objectif : recouvrir le montant maximal de la dette, et éventuellement sortir en cédant tout ou partie de cette dette.
- **En fonction des banques, intervenants pouvant être très incisifs, constructifs ou faisant appel à des techniciens gestionnaires des risques.**
  Il s'agit de représentants parfaitement rôdés aux situations à haut risque.

1. Waiver: faculté d'une des parties de dispenser une autre, dans un contrat de prêt, de respecter l'une des conditions du contrat.

Figure 3-2 : Scénarios envisageables (et représentant des banques) en fonction de la difficulté de la situation

Les banques peuvent également simuler un plan de liquidation pour évaluer leurs potentielles pertes dans une situation extrême. Il ne s'agit pas là de provoquer la liquidation, mais au moins de faire l'exercice pour savoir s'il reste de la «substance» dans l'entreprise et valoriser des actifs ainsi que le potentiel de la société à rembourser les dettes si cela devenait nécessaire. Il est bénéfique à tout chef d'entreprise de pratiquer cette simulation pour estimer sa marge de manœuvre.

L'intervention des établissements financiers en cas de crise est limitée. En effet, ils ont le souci permanent d'éviter de se retrouver en gestion de fait des entreprises qui peuvent se retrouver en difficulté. En particulier, les banques traditionnelles n'ont aucune prédisposition à prendre le contrôle d'une entreprise en convertissant la dette en capital. Chaque établissement essaie d'influencer les décisions de l'entreprise sans prendre pour autant des risques inconsidérés.

> La gestion de fait bancaire concerne les interventions éventuelles de la banque dans les actes de direction ou de gestion d'une entreprise cliente en difficulté. La responsabilité du créancier bancaire peut alors être recherchée si la personne morale déficitaire est soutenue abusivement, en particulier dans l'intérêt de cette même partie prenante bancaire en prolongeant ainsi l'exploitation jusqu'à la cessation de paiements.

Il existe un marché secondaire de la dette. Certains établissements financiers préfèrent enregistrer une perte immédiate en vendant leur dette avec des décotes qui peuvent se situer dans des fourchettes très larges de 15 à 50%, voire 85%, en fonction du risque lié à la situation rencontrée par l'entreprise emprunteuse.

En effet, ces établissements pensent soit qu'il y a un risque de ne pas voir son prêt remboursé, soit que le temps et l'énergie à dépenser à la table des négociations ne sont pas justifiés dans ce cas.

Il serait peut-être souhaitable d'inclure dans les contrats de prêts une clause déterminant comment une potentielle phase de difficulté à venir peut être organisée. Cela permettrait d'éviter la phase de blocage qui dure toujours trop longtemps. Plus généralement les contrats devraient être rédigés puis relus par l'entreprise en anticipant les phases de difficulté pour fluidifier les discussions futures.

Les investisseurs financiers, les fonds d'investissement

Les investisseurs financiers qu'ils soient «family offices», banques d'investissements, fonds de capital-risque, fonds LBO... vont intervenir en amont de la création de l'entreprise, lors de son développement, ou à l'occasion d'une opération de croissance externe ; ils détiendront, de ce fait, une part du capital au moment de l'entrée en difficulté. Dans cette dernière hypothèse, ils interviendront en tant que fonds de retournement quand la crise entrera dans une phase plus critique.

La crise qui s'est durcie ces dernières années a toutefois modifié le paysage, et la frontière entre fonds de capital-développement et fonds de retournement a évolué. Cette frontière n'est plus aussi nette. Certains fonds de retournement souhaitent s'orienter vers de la sous-performance plutôt que du vrai retournement, et certains fonds de capital-risque s'intéressent un peu plus à la reprise d'entreprises en difficulté.

Nous distinguerons donc ici l'investisseur présent dans le tour de table et le nouvel entrant dans la phase de difficulté.

Un schéma assez classique, que l'on retrouve fréquemment, est l'investisseur présent dans le tour de table d'une entreprise en difficulté et qui ne peut pas, ou ne veut pas, reconnaître la perte de valeur de l'actif dans lequel il a investi. Il se retrouve, par exemple, dans une entreprise en perte de vitesse, lourdement endettée, qui ne peut plus faire face au service de la dette, avec un ratio dette/EBITDA se dégradant, et qui a un besoin de financement pour relancer l'activité. Cette recherche de «new money» ne trouve pas toujours sa réponse dans le tour de table existant. C'est là que les ennuis commencent. En effet, les actionnaires financiers, lourdement exposés, ne veulent pas remettre au pot. Ils font appel à un nouvel investisseur entrant, à qui ils demandent de reconnaître la valeur de l'entreprise inscrite dans leur livre. Évidemment, cela ne se passe pas ainsi car ce nouvel entrant financier va souhaiter prendre en compte la décote au regard du risque qu'il accepte d'assumer, et dont l'actionnaire financier historique ne souhaite plus avoir seul la charge.

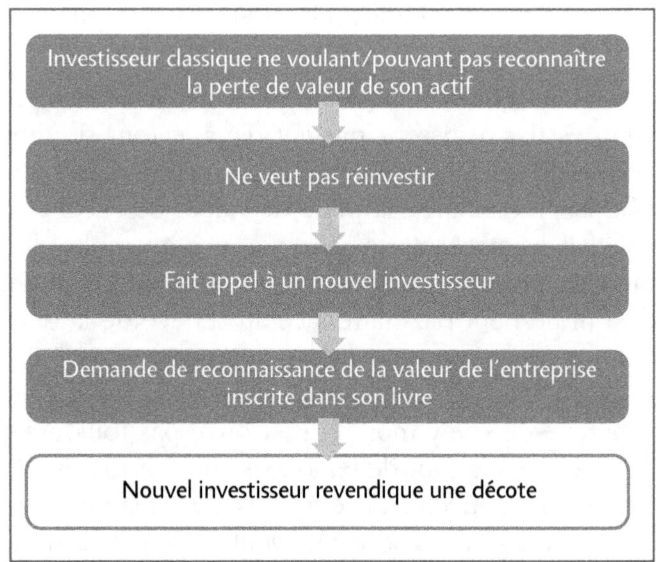

*Figure 3-3 : Schéma classique de l'entrée
d'un nouvel actionnaire*

Là encore, les acteurs financiers en présence vont longuement mûrir leur réflexion avant d'accepter de reconnaître la décote, donc la perte de valeur de l'actif inscrite dans les livres.

Dans le cas d'un fonds de taille importante, il est fortement probable qu'un chargé d'affaires suive la ligne de cette participation. Il y a alors le risque que l'information ne soit pas remontée suffisamment tôt à la hiérarchie du fonds, le chargé d'affaires misant sur un rebond de l'entreprise, retardant ainsi les effets sur sa propre rémunération. Là se pose le problème du suivi des investissements par les grands fonds de la place où les chargés d'affaires filtrent bien souvent l'information qui devrait normalement remonter au niveau supérieur dans la hiérarchie. La situation s'analyse au cas par cas après s'être rendu compte de cette attitude. Aborder le sujet avec son interlocuteur habituel ou tenter de discuter à un autre niveau hiérarchique, le choix est délicat.

Au-delà du positionnement des fonds et de leurs cahiers des charges qui les orientent sur les secteurs d'activité où ils se sont spécialisés, les critères qui doivent être analysés avant d'investir sont :

- la viabilité de l'activité ;
- le poids de la dette ;
- le devenir de l'endettement existant ;
- le besoin de financement ;
- la possibilité de rebond après repositionnement ;
- le délai avant reconstitution de la valeur ;
- les risques inhérents à la situation.

La crainte des conséquences d'une faillite a limité la prise de risques et paralysé le marché du retournement en France. Culturellement, dans le pays de la constitutionnalisation du principe de précaution, les acteurs français adoptent une posture prudente. En conséquence, ce marché, faiblement concurrentiel en France, a permis, depuis longtemps, l'émergence d'importants holdings construits sur le retournement des entreprises, pour ceux qui acceptent la prise de risques calculée.

Signe du temps, en 2014, l'État français désireux de développer le marché du retournement en France a mandaté la Banque publique d'investissement (BPI) pour investir dans des structures de retournement.

Les clients

Les clients d'une entreprise en difficulté peuvent avoir différents comportements. En voici quelques-uns :

- Le client historique qui pèse, depuis des années, pour une bonne partie du carnet de commandes : il va bien entendu être sensible et suivre l'actualité de la société et des acteurs impactés par la situation. D'un côté, il va parfois prendre des engagements de volume de commandes significatif dans l'hypothèse d'un plan réaliste qui permet la poursuite de l'activité ; d'un autre côté, contrairement à ce qu'encore beaucoup trop d'acteurs voudraient croire, il ne va pas se précipiter pour racheter la société et ainsi la sauver. Nous pouvons avoir en mémoire la relation EADS-Latécoère au moment des difficultés de ce dernier groupe : nombreux étaient les acteurs qui souhaitaient croire à sa reprise par EADS, qui ne voulait même pas l'envisager car en dehors de son « core business ».

- Le client régulier, mais qui dispose d'autres sources d'approvisionnement. Il va répartir son risque et seule une relation *intuitu personae* forte l'empêchera de fuir complètement.

- Le client final, au niveau du consommateur grand public, va avoir un comportement différent entre une société en difficulté qui lui vendra un produit ou un service avec ou bien sans SAV. Dans le premier cas, évidemment, le client fuira tant qu'une campagne de presse ne le rassurera pas sur l'avenir de la société.

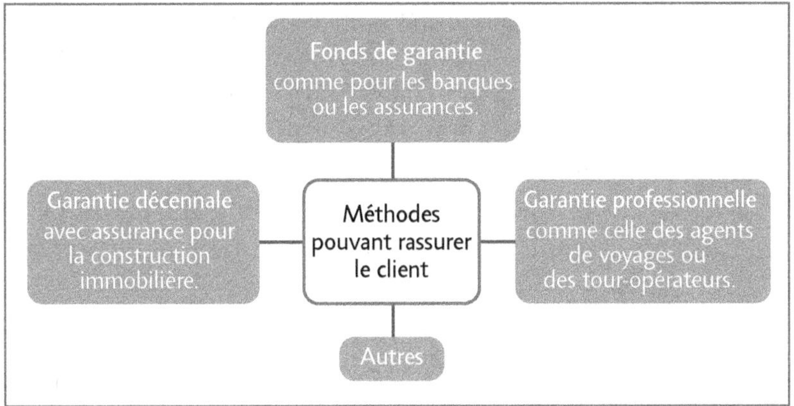

Figure 3-4 : Approches pouvant être mises en place pour rassurer le client

En cas de reprise d'activité, le rapprochement avec une autre marque fera oublier le passé.

Les fournisseurs

Avec les fournisseurs, la relation peut se révéler très délicate. En effet, dans ce cas, ils prennent le risque de ne pas être payés. Là encore, il faut distinguer différentes catégories de fournisseur :

- Le fournisseur captif qui ne peut pas vivre sans l'entreprise menacée, car elle représente une importante partie de son chiffre d'affaires et ne peut se désengager du jour au lendemain (par exemple : une compagnie aérienne trop exposée aux commandes d'un tour-opérateur qui ne pourra pas arrêter du jour au lendemain de transporter les voyageurs de ce dernier). Ce fournisseur va accepter des concessions le mettant lui-même en danger.

- Le fournisseur fort sur son marché qui va imposer ses conditions et demander à être payé en avance, avant la livraison du produit ou du service ; ce faisant, il va resserrer l'étau sur la société en difficulté.

- D'autres fournisseurs encore peuvent demander l'intervention de garants comme les assureurs crédits.

Assureur crédit

L'assureur crédit protège les entreprises du risque d'impayés de la part de clients domestiques ou internationaux (assurance crédit export). Il assure le fournisseur contre le risque d'impayés de son client. En outre, l'assureur crédit informe le fournisseur sur la solvabilité de ses clients. L'assureur crédit peut décider de ne pas couvrir certains clients s'ils sont jugés à risque. Mais attention, les assureurs crédits peuvent, dans certains cas, décider de se désengager du jour au lendemain et mettre ainsi encore plus en difficulté une entreprise. En effet, en décidant de ne plus garantir une société contre le risque de paiement à un fournisseur, l'assureur lance un signal d'alerte encore plus appuyé et accentue le désengagement des fournisseurs sur certains dossiers de la place.

Les créanciers publics

Ce sont eux les premiers acteurs sollicités par l'entreprise en difficulté. Les deux acteurs auxquels elle fait le plus fréquemment appel sont le Trésor public et l'URSSAF. En effet, le soutien de la sphère publique dans le processus de sauvetage d'une entreprise est indéniable.

La règle non écrite est simple. Lorsqu'une entreprise a constitué, à force de retard au fil de plusieurs mois, un passif public, elle va solliciter un étalement de cette dette directement auprès du fisc et de l'URSSAF. Il n'est pas rare qu'elle obtienne cet étalement sur une période de vingt-quatre mois, avec ou sans une période de différé. Selon l'importance du passif, il pourra lui être demandé des garanties.

En règle générale, la réponse est coordonnée au niveau de la sphère publique par les CCSF départementaux.

Commission des chefs des services financiers – CCSF

Lorsqu'une entreprise souhaite négocier le règlement de ses dettes avec plusieurs créanciers publics (administration fiscale ou sociale), elle peut le faire devant une instance départementale : la commission des chefs des services financiers (CCSF). Cette commission se réunit sous la présidence du trésorier-payeur général. Elle est saisie soit par l'un de ses membres, soit par l'entreprise. Après examen des pièces du dossier, la commission peut accorder des délais pour payer les dettes fiscales et sociales échues. Si l'entreprise les respecte en continuant à payer les charges courantes, elle peut solliciter la remise des majorations de retard et des pénalités.

DES ACTEURS AU CHEVET DE L'ENTREPRISE EN DIFFICULTÉ : DES CONSEILS À L'ÉTAT

Un manager responsable admet aisément la nécessité de se faire accompagner par des intervenants extérieurs, intègres et compétents, qui viendront temporairement dans l'entreprise pour décrypter les phénomènes à l'œuvre.

Pourtant, pour éviter de se faire accompagner, certains managers en place vont ressortir les dossiers dits de «restructuration» qu'ils ont pu traiter par le passé ou vont arguer du fait que seul un expert sectoriel peut comprendre la situation.

Tout d'abord, il convient de comprendre que la «vraie» difficulté consiste à pallier un niveau de criticité extrême des événements liés à la vie de l'entreprise, qui aboutit à une confrontation systématique entre les différents acteurs intervenant pour son sauvetage. Ces intervenants, qui souvent se connaissent déjà et font partie d'un microcosme de métiers spécifiques (avocats spécialisés, banquiers appartenant aux affaires spéciales, acteurs dédiés de l'État...), ne seront pas toujours d'accord sur les actions à mettre en place.

Ensuite, comme dans tous les métiers, seule l'expérience récurrente et sur le terrain permet d'augmenter les chances de réussir une opération de sauvetage. Et la connaissance sectorielle, même si elle peut présenter un plus, n'est pas du tout essentielle. Bien entendu, une fois la société sauvée et remise sur de bons rails, il est important de revenir à un management stable qui connaît bien le secteur d'activité en question.

Enfin, même si le management pense parfois pouvoir s'en sortir seul, il est très vite rappelé à l'ordre à la fois par la charge de travail nouvelle et surtout par les acteurs listés précédemment qui demanderont l'intervention de tiers indépendants et spécialisés. Le chef d'entreprise doit savoir faire le tri entre l'indispensable et le nécessaire, en termes d'accompagnement.

En dehors des situations perdues d'avance où il est inutile de s'acharner en vain, où l'on ne fait que retarder une fin inéluctable, une bonne équipe peut sauver une entreprise.

Les professionnels du chiffre : le plan de trésorerie

L'équipe financière interne à l'entreprise en situation de crise est soumise à un fort challenge et à d'énormes pressions de la part :

- du top management qui souhaite des business plans démontrant que l'entreprise ira mieux ;
- des banques qui veulent de la visibilité et des plans de trésorerie qui soient tenus ;
- des actionnaires anxieux de l'avenir de leur investissement ;
- des fournisseurs qui demandent quand ils seront payés.

Entre la gestion courante et la gestion des tâches de crise, l'équipe peut ne pas suffire. De plus, les créanciers, les banquiers en particulier, exigent une revue indépendante du plan de trésorerie. Ni le commissaire aux comptes (CAC), ni l'expert-comptable éventuel ne sont habilités à intervenir dans ces situations. D'une part, ils connaissent l'entreprise et d'autre part, ils ont des objectifs différents tel le suivi des procédures d'alerte lancées par le CAC. Il devient alors indispensable de faire appel à un cabinet indépendant.

Il existe de nombreux cabinets spécialisés en finance et en restructuration, depuis les départements spécialisés des «Big Four», en passant par ceux des grands cabinets français jusqu'aux petits cabinets qui s'en sont fait une spécialité.

Il est presque toujours indispensable de faire appel à cette analyse indépendante extérieure. Il est recommandé de se renseigner préalablement sur les cabinets de conseil afin de faire son choix de l'un d'entre eux en toute connaissance de cause, pour ne pas avoir à accepter au dernier moment celui qui peut mobiliser en urgence une équipe et qui va par conséquent facturer son intervention au prix fort.

En clair, l'équipe dédiée et le budget d'intervention proposé doivent être bien adaptés à la taille de la structure à étudier.

L'avocat : décrypter la réglementation et les lois spécifiques

Au regard de la réglementation des divers secteurs d'activité, des lois et des réglementations spécifiques aux situations de difficulté qui sont en évolution constante, l'entreprise doit faire appel à un avocat spécialisé en restructuration (de préférence).

La responsabilité pénale des mandataires sociaux ou des dirigeants peut se trouver engagée, en particulier lorsque l'entreprise frôle la limite de l'état de cessation de paiements. Pour rappel, une entreprise est en défaut quand son passif exigible n'est plus couvert par son actif disponible à un instant T, et ce depuis quarante-cinq jours. Cette notion, pourtant simple à comprendre, fait l'objet de nombreuses interprétations en fonction des contextes et des situations. Il est, en effet, possible d'interpréter, après coup, les chiffres ainsi que l'enchaînement des événements. Il est toujours plus aisé de «rejouer le match» et de critiquer des décisions sorties du contexte et dépendantes de la psychologie des acteurs au moment où elles ont été prises. Ainsi, tel dirigeant peut être critiqué pour avoir voulu croire à un retournement de situation et à une amélioration plus significative de son carnet de commandes, ou tel autre sur la vraie valeur d'un actif à céder. Il vaut donc mieux se faire accompagner par un administrateur judiciaire et un avocat sachant utilement conseiller la marche à suivre.

Lors de négociations, le rôle de l'avocat spécialisé en restructuration trouvera également tout son intérêt, en particulier pour l'étude des contrats qui lieront l'entreprise à ses créanciers, tout spécialement ses banquiers, ses fournisseurs, l'État...

Le conseil opérationnel : l'aide indispensable en interne

Dans ces contextes incertains, nombreux sont les dirigeants qui ne comprennent pas la différence entre le basculement d'une entreprise qui doit faire face à des difficultés courantes et une entreprise en situation de difficulté chronique. Ils doivent se faire accompagner par des professionnels expérimentés et aguerris à ces situations de crise. Il s'agit d'éviter de ne pas prendre de décisions ou de prendre les mauvaises décisions.

La mission débute systématiquement par une phase de diagnostic éclair[1] (une à quatre semaines en fonction de la taille de la société et de la nature des difficultés), suivie d'une phase de mise en œuvre et d'accompagnement opérationnel qui dure plusieurs mois. Durant cette deuxième phase, cette équipe spécialisée dans ces situations de crise apporte son support au management pour l'accompagner pas à pas dans la prise des décisions relatives à la gestion des difficultés. Il ne s'agit pas de faire «à la place de» mais de faire «avec». Il ne s'agit pas d'un travail classique «en chambre» des conseils mais bien d'un travail opérationnel au plus près du terrain. Enfin, il arrive fréquemment que l'on demande à certains conseils opérationnels de prendre temporairement les rênes de l'entreprise, en particulier lorsque la rupture entre le management en place et son microcosme a atteint un point de non-retour.

Pour un chef d'entreprise ou des actionnaires non avertis, il est toujours difficile de comprendre la différence entre manager de crise, Chief Restructuring

---

1. Le diagnostic sera traité dans le chapitre 4, et répondra, entre autres, à la question de la viabilité de l'activité dans le contexte, prérequis à toute démarche de sauvetage.

Officer (CRO), intérim management, management de transition, conseil opérationnel. Le schéma ci-après va rendre compte de ces différences.

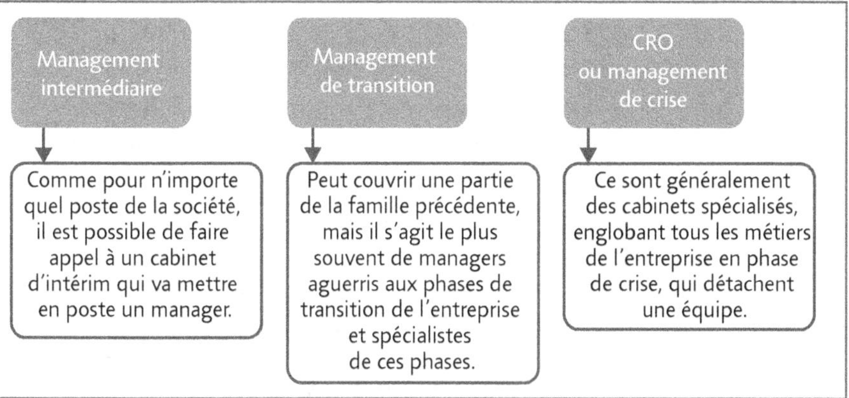

Figure 3-5 : Les trois grandes familles pouvant accompagner les entreprises en difficulté

Il est préférable de prendre une décision sur la forme d'accompagnement, d'une part après une première analyse des difficultés de l'entreprise, d'autre part après avoir rencontré des représentants de chacune des trois familles, pour comprendre quelle est la meilleure solution pour l'entreprise.

L'aide de l'État : le CIRI

L'État sait se mettre au service du dirigeant pour l'aider à sauver son entreprise. Si l'entreprise compte moins de 400 salariés, des acteurs au niveau des préfectures sont accessibles en région. Si l'entreprise compte plus de 400 salariés, alors le Comité interministériel de restructuration industrielle (CIRI), logé au sein de la direction du Trésor, à Bercy, est compétent pour intervenir.

Le CIRI au sein du Trésor ?

La question se pose souvent de comprendre pourquoi cette entité interministérielle est logée au sein du Trésor. La réponse souvent apportée est qu'après la première crise pétrolière, en 1974, lors de la création de l'entité initiale qui devait être temporaire, le service gouvernemental, opposé à cette création car pensant qu'il avait le plus à y perdre, était le Trésor. Il a alors été décidé d'y loger ce service. En 1982, le CIRI devient le nouveau nom de l'entité. Pari réussi : trente ans plus tard, la greffe a pris entre le Trésor et le CIRI.

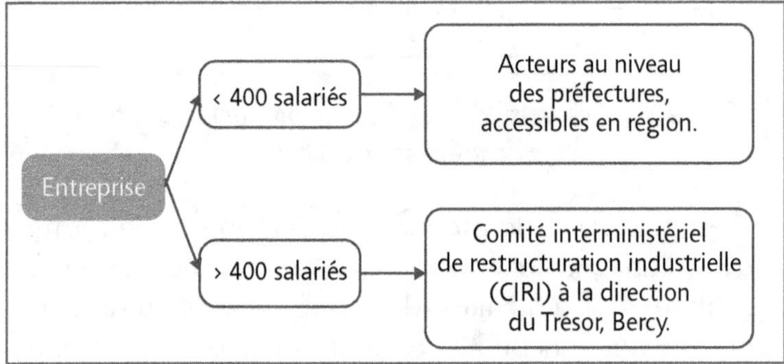

Figure 3-6 : Les différents acteurs de l'État au chevet d'une entreprise en difficulté

Bien entendu, une telle intervention de l'État ne peut se faire que dans un cadre légitime où l'entreprise doit démontrer son sérieux et sa volonté de contribuer à son sauvetage.

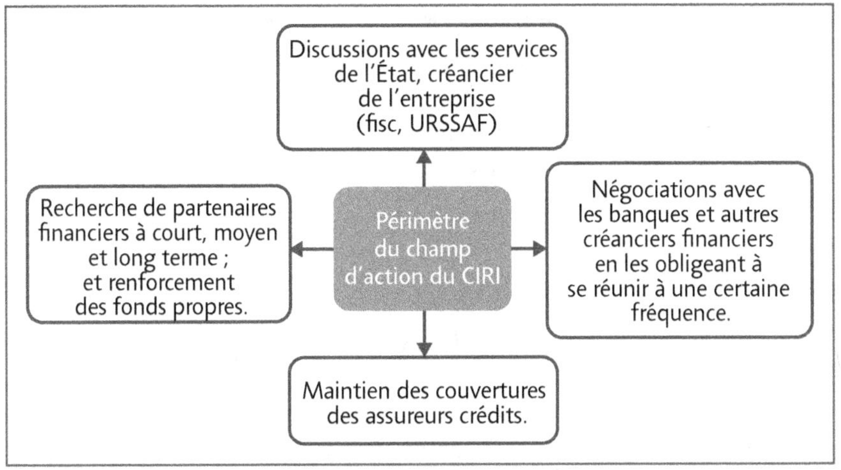

Figure 3-7 : Champ d'action du CIRI

Bien que l'État puisse parfois décider de soutenir une entreprise en crise chronique à l'avenir incertain, cela n'est pas la règle et le chef d'entreprise ne doit pas s'y tromper. Néanmoins, l'État peut, dans certains cas, décider de gagner du temps face à la soudaineté des difficultés, en particulier sociales, qui découlent d'une fermeture immédiate d'entreprise. L'État, alors, la soutient volontairement pour gagner du temps, en sachant que sa fermeture est inéluctable. En règle générale, l'État agit de façon responsable dans l'intérêt de tous.

Si l'État, selon la formule consacrée, « ne peut pas tout », il doit beaucoup aux entreprises qui ont payé leurs impôts et surtout si elles maintiennent des emplois.

L'État doit et peut beaucoup faire. Il a une responsabilité certaine dans la survie des entreprises.

La loi ne pourra jamais tout définir dans ce domaine tant les situations sont complexes et diverses. C'est la volonté des femmes et des hommes du CIRI, de tous les acteurs régionaux et nationaux, qui permet le sauvetage des entreprises en difficulté. En cela, l'État vient se substituer, voire compléter, les institutions, notamment judiciaires, qui doivent avoir pour rôle premier la prévention.

L'administrateur judiciaire : le médiateur avec le système judiciaire

La justice, et en particulier le tribunal de commerce, est là également pour aider l'entrepreneur en difficulté. L'outil judiciaire n'est malheureusement pas assez connu et utilisé par les chefs d'entreprise. En effet, peu d'entre eux savent qu'avant l'étape de cessation des paiements, avec la mise en redressement judiciaire et parfois la liquidation pure et simple de l'entreprise, il existe toute une série d'outils judiciaires[1] au service des entreprises : le mandat *ad hoc*, la conciliation, la sauvegarde...

Le choix d'un administrateur judiciaire, quelle que soit la mission qui lui est confiée, peut se révéler totalement déterminant pour l'avenir de l'entreprise. Il est important de comprendre qu'il existe des différences, au-delà des compétences que l'on suppose équivalentes, de style, de méthodes, d'approches des problématiques, etc. : tel administrateur va faire corps avec le management d'une entreprise, tel autre va essayer de trouver un accord équilibré entre toutes les parties, tel autre encore va être plus proche des actionnaires que des salariés ; certains administrateurs sont quelquefois critiqués pour leur prise de risques sur des dossiers, d'autres pour leur

---

1. Ces outils seront détaillés au chapitre 7.

manque d'audace. On comprend alors qu'en fonction de la nature des difficultés rencontrées, la bonne sélection est vraiment décisive pour l'entreprise.

La France compte, parmi ses spécificités, celle d'être le seul pays au monde à disposer d'administrateurs judiciaires indépendants et dédiés à cette fonction. Il n'est pas de notre propos de traiter du bien-fondé de cette position mais de faire comprendre comment cela se construit dans d'autres pays... Ainsi, en Grande-Bretagne, pouvons-nous retrouver des cabinets du chiffre (Baker Tilly, KPMG, Deloitte) dans cette position tandis qu'aux États-Unis, ce sont des sociétés spécialisées en retournement des entreprises (GlassRatner, FTI, AlixPartners, Alvarez & Marsal) qui remplissent cet office.

Nous verrons plus loin les différentes phases qui peuvent s'enchaîner et nous nous attacherons à bien comprendre comment le système judiciaire interagit avec l'entreprise en difficulté[1].

Le coût des conseils

Tout cela engendre bien entendu un coût. Il est indiscutable que pour réussir le sauvetage d'une entreprise, il faut engager des frais de conseils et de restructuration que celle-ci ne sera peut-être pas en mesure de supporter. Le professionnel qui s'engage à ses côtés, dans ces situations extrêmes, est un professionnel

---

1. *Cf.* chapitre 7.

conscient des peines qu'il aura à se faire payer. Il doit calculer son risque et, en fonction du nombre d'acteurs qui interviendront, proposer un budget raisonnable et supportable en cas de succès.

De nombreux professionnels aguerris à ces situations acceptent une rémunération au succès. Les montants peuvent se révéler importants mais ils sont à la hauteur à la fois des enjeux, mais aussi des risques pris. Il n'en reste pas moins vrai qu'il faut raison garder et rester lucide sur les capacités de ces entreprises à payer des honoraires qui ne doivent, en aucun cas, être disproportionnés.

> On retiendra que le coût des conseils, tous acteurs confondus, peut s'inscrire dans une fourchette allant de 1 à 5 % de la valeur de l'entreprise et/ou de la dette à restructurer, dépendant de la problématique et de la taille de l'entreprise.

Voyons maintenant comment ces acteurs vont intervenir.

CHAPITRE 4

LANCER LE SAUVETAGE

*Déterminer l'origine de la crise
et poser un diagnostic*

Ce chapitre et le suivant s'attachent à décrire les divers processus possibles pour le sauvetage des entreprises.

Ici sont présentées les origines des crises et la pose du diagnostic, sachant que le plan d'action de l'entreprise à sauver doit se construire en fonction de l'origine de la crise et de la classification des difficultés.

TYPOLOGIE DES CRISES

Crises liées à des facteurs exogènes : économiques, technologiques

On comprend bien que les entreprises ne peuvent pas empêcher les crises liées à des facteurs exogènes mais elles peuvent au moins en limiter les dégâts, en anticipant les conséquences des causes annoncées et en n'attendant pas le dernier moment pour réagir.

Même les crises liées à des facteurs exogènes peuvent être imputables aux acteurs et décideurs de l'entreprise. Il est ainsi de la responsabilité du management, des actionnaires, des conseils, de comprendre et de suivre les retournements de marché pour anticiper et limiter les effets dévastateurs qui en découlent.

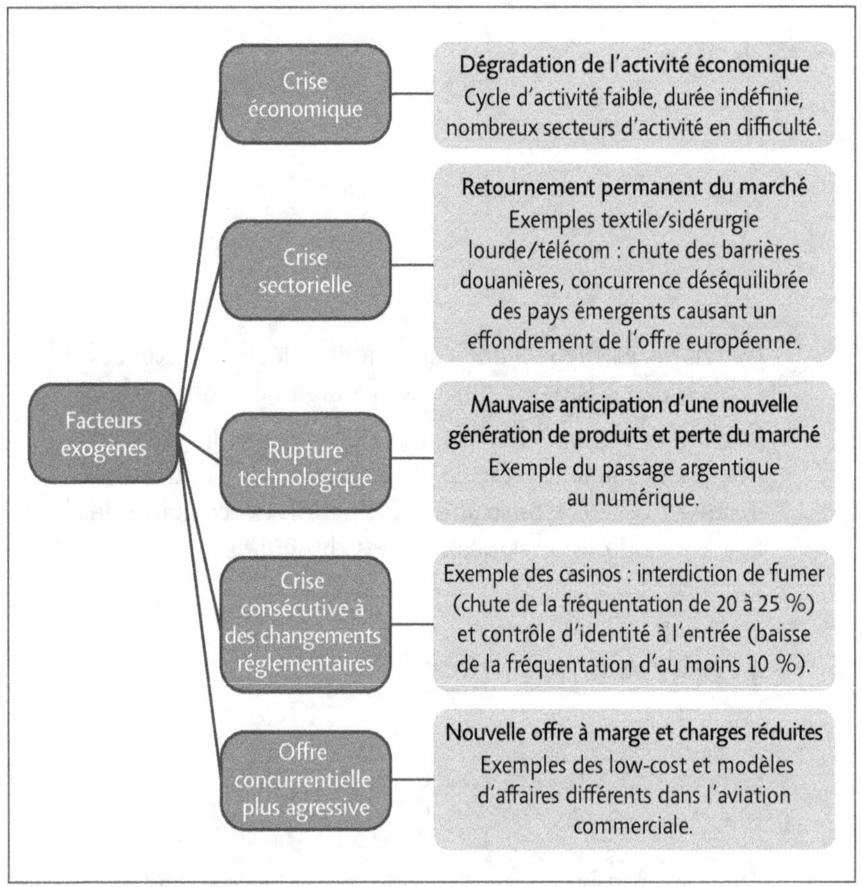

Figure 4-1 : Exemples de facteurs exogènes

Quelques exemples majeurs de facteurs exogènes :

» Une crise économique, comme celle qui sévit depuis quelques années, avec une dégradation de l'activité : on observe là un facteur exogène obligeant les entreprises à s'adapter à un cycle d'activité faible, dont on ne peut pas prévoir la durée et qui met progressivement un grand nombre de secteurs en difficulté.

» Une crise sectorielle, comme celle qui a touché le secteur textile avec la chute des barrières douanières et une concurrence déséquilibrée par une offre à très bas coûts des pays émergents, avec un retournement durable du marché sur lequel l'entreprise est positionnée. Ce contexte a eu pour conséquence de réduire considérablement l'offre européenne dans ce secteur. Nous avons pu également observer ce phénomène dans d'autres secteurs d'activité tels que la sidérurgie lourde ou les infrastructures télécom.

» Une rupture technologique, comme celle du passage de l'argentique au numérique dans la photographie. Certaines entreprises de ce secteur photographique n'ont pas été à l'écoute de leur marché suite à une mauvaise analyse et à un mauvais suivi de l'activité économique. L'arrivée d'une nouvelle génération de produits a été mal anticipée : les exemples foisonnent depuis Kodak, leader sur son marché, qui n'a pas devancé le moment de l'arrivée massive du numérique, que tout annonçait pourtant.

» Une crise consécutive à des changements réglementaires, comme le contrôle d'identité devenu obligatoire à l'entrée des casinos. Cette réglementation a entraîné une baisse de fréquentation de l'ordre de 10 % de ces établissements de jeux. En effet, ce simple contrôle d'identité donne le sentiment, pourtant dans un lieu de permission, de pouvoir être fiché. Il en a été de même avec l'interdiction de fumer dans les lieux publics qui a fait grand bruit : elle a été, et reste, perçue comme une restriction de liberté et a eu pour effet immédiat un effondrement de la fréquentation de 20 à 25 % des lieux concernés ; et ce, dans tous les pays où cette réglementation est entrée en application. Il faut noter que la résistance à cette restriction de liberté a été à la mesure du sentiment que les législateurs feraient machine arrière devant la menace de disparition des opérateurs que cette restriction faisait planer.

▸ Une offre concurrentielle plus agressive, soit une offre plus actuelle avec une marge plus réduite et des charges moins importantes comme celle vécue par le secteur de l'aviation commerciale, avec l'arrivée notamment des offres low-cost et des modèles d'affaires différents ; ou bien celle qui secoue l'ensemble du secteur de la distribution de vêtements avec, par exemple, le groupe Vivarte qui a dû faire face à la concurrence des distributeurs tels H&M, Zara, Primark qui s'imposent aujourd'hui avec des prix au plus bas.

Quel que soit le facteur exogène en cause, il faut se garder de penser qu'il ne va pas s'imposer et qu'« il est impossible que cela se passe comme cela sinon le secteur entier va disparaître ». Cette posture ne peut que faire perdre du temps.

Crise managériale

La crise managériale peut avoir pour cause ou pour conséquence une création de valeur qui baisse dans l'entreprise du fait d'une mauvaise qualité de produits ou services, d'une mauvaise gestion des projets, d'une mauvaise intégration après une acquisition...

Le facteur humain reste prépondérant dans les difficultés des sociétés. Certes, un manquement dans la gestion, un retard sur un projet, la défaillance d'un client important peuvent avoir un impact sur la continuité d'exploitation mais rarement mettre en péril la vie de l'entreprise. Les entreprises disparaissent le plus souvent suite à une erreur stratégique. La réaction humaine face aux conséquences des autres types de crise peut sauver l'entreprise ou la perdre.

> La défaillance du management est à l'origine de la majorité des situations de crise des entreprises.

Crise de croissance

La croissance mal conduite ou mal maîtrisée peut également être à l'origine de difficultés pour une entreprise. Que la croissance soit d'origine externe ou organique, chacune comporte des éléments de risques.

La croissance externe

Les acquisitions externes apportent régulièrement leur lot de difficultés parmi lesquelles :

- la chute du chiffre d'affaires cumulé ;
- l'incompréhension entre les différentes cultures ;
- la mise sous la même bannière de marques concurrentes ;

- l'arbitrage des conventions collectives ;
- l'harmonisation des grilles salariales et des contrats de travail ;
- les compromis à faire, souvent à la source du blocage de tout un processus.

Nous traiterons ultérieurement, dans le détail, du rapprochement des entreprises[1].

La croissance organique rapide et le problème de BFR

Une entreprise peut opter pour une croissance organique. Dans ce cas, elle va croître au rythme de son activité ou bien décider d'une croissance plus rapide en diversifiant ses marchés, son offre, ses produits. Ce faisant, les charges et les investissements à financer s'élèvent, et les effectifs augmentent.

Autant une croissance maîtrisée est souvent profitable, autant une croissance trop rapide apporte son lot de risques tels que :

- L'explosion du BFR : une augmentation significative du chiffre d'affaires s'accompagne souvent de sorties de cash préalables. Elles servent à financer, par exemple, l'intégration d'une nouvelle équipe ou un décalage plus important entre les sommes payées par les clients dans le temps et les sommes à payer auparavant aux fournisseurs ou aux salariés. Dans ce cas, le financement du BFR devient indispensable. Et pour ce faire, ce besoin pouvant se révéler pérenne, il faut augmenter des fonds propres plus que mettre en place des lignes de trésorerie.

______

1. *Cf.* chapitre 5.

» Le manque de flexibilité face à une chute potentielle d'activité : une entreprise en très forte croissance pense à tout sauf à un effet de cycle avec une éventuelle baisse d'activité. De ce fait, elle commet souvent l'erreur de ne pas introduire d'éléments de flexibilité. Ceux-ci peuvent consister en une dose répartie de sous-traitance et de salariat, un niveau de rémunération fixe et de rémunération variable, un financement des besoins par des ressources disponibles sur le très long terme en évitant des engagements lourds à long terme inconsidérés.

Crise actionnariale

Fréquente et multiforme, la crise actionnariale reste un enjeu de survie de l'entreprise. Mais comment des propriétaires peuvent-ils se mettre dans la situation de bloquer ou limiter l'activité et ainsi mettre en péril leur bien ? De nombreux exemples peuvent illustrer ce cas de figure.

Succession difficile et guerre de succession

Dans certaines entreprises familiales, on peut rencontrer le problème de la transmission qui peut parfois déboucher sur une véritable guerre de succession.

Une succession difficile prend une forme assez classique : un fondateur vieillissant qui s'interroge trop tardivement sur l'organisation de sa succession (non pas d'un point de vue patrimonial, mais bien plus sur un plan managérial), des héritiers pas réellement motivés pour reprendre les rênes de l'entreprise (par désintérêt ou par incompétence). Dans ce dernier cas, ces héritiers ont souvent vu l'illustre fondateur s'échiner à la tâche et n'ont pas envie de reproduire le même schéma ; lequel fondateur qui aura dédié son existence au développement de l'entreprise, aura beaucoup de mal à comprendre ce désengagement familial.

Dans une situation de transmission d'entreprise, le piège dans lequel le fondateur ne doit pas se laisser enfermer consiste à faire le choix d'un successeur issu du cercle familial. Or, souvent, il y a des personnes compétentes en interne non issues de ce cercle pour reprendre le flambeau. C'est le bon choix à faire pour assurer la pérennité de l'entreprise. Un choix qui nécessite de la part du fondateur une sacrée dose de maturité, d'humilité et de clairvoyance !

Les guerres de succession sont également possibles entre les personnes qui s'estiment légitimes et celles qui voudraient bien l'être, ou bien entre les personnes qui voudraient céder et celles qui préféreraient rester. Le sujet est épineux et demandera souvent l'intervention d'un tiers de confiance pour gérer les conflits, car c'est souvent l'occasion de régler d'autres antécédents familiaux larvés depuis de nombreuses années et de non-dits.

Stratégies divergentes

La mise en œuvre de stratégies divergentes pouvant aboutir à la création de chapelles pour chaque courant de la famille est également un cas douloureux et parfois de rupture de transmission d'entreprise. Voici deux exemples assez fréquents :

> Les conséquences de la fiscalité peuvent entraîner des positions différentes entre des actionnaires qui travaillent dans l'entreprise et ont la possibilité, au titre de l'outil de travail, de bénéficier des exonérations ISF, et des actionnaires extérieurs

qui sont redevables de l'ISF, avec parfois des dividendes distribués inférieurs au montant de l'ISF à payer. Pour la famille Taittinger, cette divergence d'intérêts entraîna la cession de l'entreprise pour sortir de cette impasse.

▸ La création de filiales dirigées par des membres différents de la famille afin que chaque courant familial puisse s'exprimer dans sa propre filiale. Quelques années plus tard, on peut se retrouver face à une entreprise qui présente un alignement de filiales n'ayant pas de justification économique. L'histoire de la famille explique la situation de l'entreprise.

Les crises d'actionnariat sont souvent plus visibles dans les entreprises familiales que dans les autres types d'entreprises. Cependant, on les rencontre également dans ces dernières à certaines phases de leur existence.

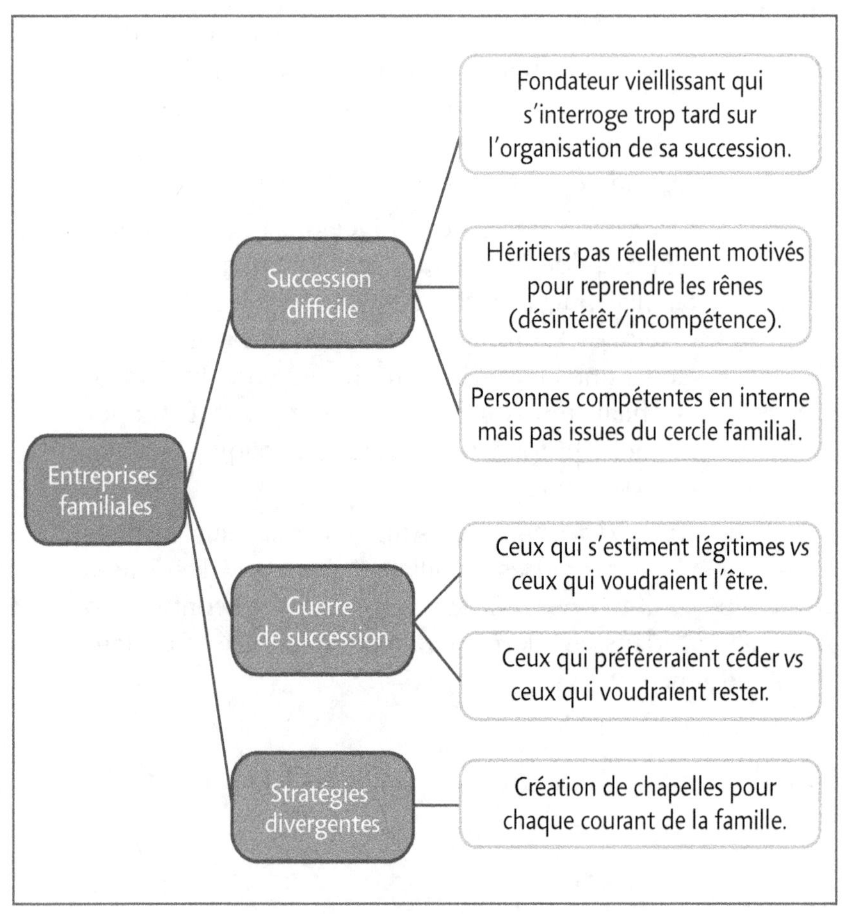

Figure 4-2 : Difficultés que peuvent rencontrer les entreprises familiales

Crises sociales

Les crises sociales, entraînant des mouvements sociaux plus ou moins visibles selon les secteurs et souvent très médiatisés, sont rarement à la source d'une faillite de l'entreprise mais généralement à l'origine d'un conflit collatéral.

Les crises sociales illustrent les difficultés de dialogue entre le management et le corps social. Elles prennent différentes formes et forces : de la manifestation douce *via* le port d'un insigne par les salariés et la mise en place d'affiches, à quelques heures ou à quelques jours de blocage, jusqu'à un mouvement débordant du cadre de l'entreprise et bloquant une économie régionale, voire nationale.

Les crises sociales sont souvent plus dures lorsque les salariés sont conscients de ne pas prendre de risque pour leur emploi ; c'est ainsi le cas dans la fonction publique ou dans de grandes entreprises en bonne santé. En effet, il est rare que les salariés se bloquent dans une posture pouvant entraîner la chute de leur entreprise ce qui, paradoxalement, peut tout à fait être le cas chez les actionnaires. La raison en est simple : d'un côté, on joue son gagne-pain, et de l'autre, son patrimoine.

Crise d'image ou crise de perte de confiance

Une crise d'image est souvent consécutive à une crise de perte de confiance. Ainsi les deux types de crises sont fortement liés. Notons que, suite à une crise d'image, et ce quelle que soit la taille de la structure, plus le taux de notoriété de l'entreprise est important, plus le risque de sa disparition se révèle élevé.

Nous l'avons vu avec Spanghero (affaire de la viande de cheval au lieu de la viande de bœuf) où le poids d'une marque associé à une crise de confiance a envoyé la société en redressement judiciaire en quelques semaines. Le nom «Spanghero» qui n'était évidemment pas lié à la crise de confiance n'a fait que doper l'impact médiatique et précipiter la chute de l'entreprise.

Au-delà de cet exemple, aujourd'hui, toutes les entreprises peuvent être touchées, quel que soit le secteur.

Enfin, plus la marque et l'image d'une entreprise sont fortes et plus une possible perte de confiance va déchaîner l'assaut de ses concurrents. Cela accélérera la chute.

Crise d'identité

L'entreprise est une collectivité humaine qui va développer sa propre identité, conséquence de l'histoire, de la stratégie, de la structure, des procédures de l'organisation. Cette identité va faire la spécificité de cette organisation. La culture d'une entreprise est la manifestation visible de cette identité. Les individus vont alors s'y investir psychologiquement et affectivement.

Une fois une stratégie définie, l'organisation est lancée dans une direction. Il est alors difficile de changer cette trajectoire sauf en cas de crise (quelle que soit la nature de la crise ici). L'identité est parfois une force d'inertie pour la stratégie. Lorsque les individus qui y travaillent ne se reconnaissent plus dans une entreprise, alors on pourra parler de «crise d'identité».

ÉTABLIR UN DIAGNOSTIC SUR L'ENTREPRISE EN CRISE

Quand l'entreprise a pris conscience de l'état de crise et qu'elle s'est décidée à faire appel à des intervenants extérieurs, l'établissement d'un diagnostic est la première étape à franchir.

Le diagnostic doit se faire «au pas de course», être léger et ne pas trop mobiliser les équipes en place au sein de l'entreprise concernée qui sont déjà surchargées du fait de la crise. Quel que soit l'intervenant, il ne doit pas s'installer dans une salle et attendre l'arrivée des interviewés et la mise à disposition des documents. Il lui faut plutôt s'immerger dans l'entreprise et aller à la rencontre des personnes au meilleur moment, sans trop tarder ni se précipiter, en fonction de la disponibilité de ses interlocuteurs.

Le diagnostic doit s'effectuer sur un temps de présence au sein de l'entreprise entre une et quatre semaines, auquel s'ajoute un délai de une à deux semaines pour la rédaction et la remise d'un rapport.

Cette liste ci-après des éléments à prendre en compte au cours du diagnostic n'est pas exhaustive et peut être plus longue ; elle mérite d'être adaptée à chaque contexte et à chaque situation rencontrée.

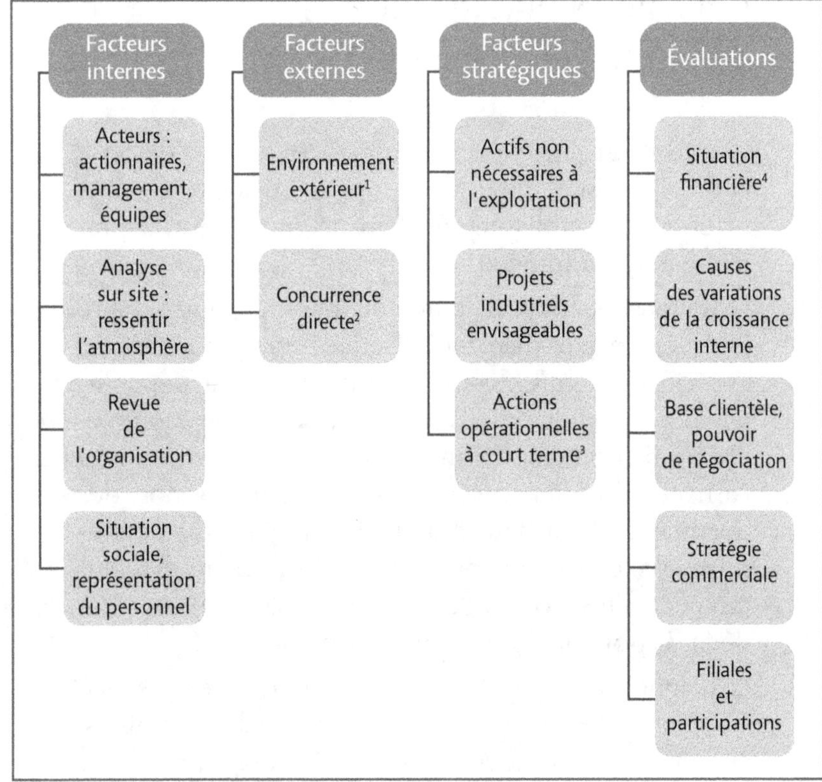

Figure 4-3 : Éléments à prendre en compte au cours du diagnostic

1. Son évolution prévisible, les conséquences sur les orientations stratégiques possibles qui resteront à affiner après le diagnostic. Le potentiel de rentabilité du secteur d'activité auquel appartient l'activité principale de l'entreprise.

2. Les produits ou services qui peuvent se substituer à l'offre et leurs impacts sur la part de marché détenue, l'offre renouvelée avec des nouveaux entrants sur le segment de marché concerné, la barrière à l'entrée.

3. Avec, en particulier, un plan de gestion des risques pour décider quelles sont les tâches prioritaires à un instant donné.

4. Une revue financière avec son plan de trésorerie et l'impact sur le business plan à cette date.

Il est important de déterminer si l'entreprise souffre:

- d'un déficit d'origine structurelle et donc historique;
- ou bien d'un déficit d'origine conjoncturelle;
- ou encore d'un déficit au vu d'ambitions démesurées et d'attentes irréalistes en termes de résultats.

En effet, le traitement ne sera pas du tout le même pour une entreprise ayant des fondamentaux solides et une bonne rentabilité se retrouvant affectée par une mauvaise acquisition, que pour une entreprise qui, depuis des années, «dévisse» sur son marché soit par manque d'efficacité, soit à cause d'un marché concurrentiel affectant les prix de vente, par exemple.

L'analyse du passé permet de déterminer les causes ainsi que le moment de la rupture et, par conséquent, de proposer des solutions adéquates pour le futur.

De plus, l'analyse du passé permet notamment de comprendre si le business plan de l'entreprise est réaliste ou s'il est nécessaire de le réajuster. Nous avons tous eu entre les mains des business plans montrant un futur radieux, alors que jusqu'à présent tout allait mal... L'observateur extérieur que l'on est voudrait bien partager cet enthousiasme mais, dans ce cas, doit ramener l'entreprise à sa réalité. Suite au diagnostic, il est étonnant de constater le décalage entre la perception des dirigeants et celle des intervenants sur l'origine des difficultés!

La réussite d'un retournement dépend de l'identification de l'origine profonde des difficultés, bien au-delà des symptômes immédiatement repérés.

Un diagnostic qui suit une méthodologie d'analyse bien maîtrisée permet de mettre en place les actions nécessaires, tout en mesurant précisément les risques associés. Car, disons-le, la première impression et la première analyse sont rarement les bonnes quant à l'origine exacte des difficultés. Le retour d'expérience qui suit en fournit un exemple.

De la nécessité de poser le bon diagnostic

Une toute première mission de sauvetage d'entreprise, et première leçon bénéfique, fut une intervention effectuée *in extremis*, à la demande des actionnaires, à la veille d'un dépôt de bilan.

Dans le sud-ouest de la France, le patron d'un grand laboratoire de recherche, reconnu mondialement, décide d'externaliser l'une de ses applications technologique innovante. Ce grand patron scientifique, bac + 10 et un grand nombre de publications à son actif, s'était associé à un informaticien, autodidacte réputé, pour cette opération.

Après avoir fait un rapide diagnostic, nous savions ce qu'il fallait faire en matière de développement et d'approche marché. Les actionnaires ont alors accepté d'injecter 50 k€ pour relancer le projet et éviter ainsi le proche dépôt de bilan. Nous avons ainsi gagné quelques mois pour passer en phase d'accompagnement opérationnel.

Mais au fur et à mesure de la mise en œuvre, nous réalisions que chacune de nos recommandations avait déjà été appliquée sans succès par le passé, nous laissant tous perplexes. Ce n'est qu'au bout de deux mois que nous avons enfin identifié la vraie raison de ces complications.

.../...

…/…

Alors que le tandem patron de laboratoire-directeur technique semblait parfaitement fonctionner, nous nous sommes rendu compte qu'aucun des deux ne reconnaissait la légitimité de l'autre : le patron ne reconnaissait pas la technicité de son associé et, réciproquement, l'informaticien ne reconnaissait pas le talent de marketing à cet homme de laboratoire. C'était le choc d'un surdiplômé face à un autodidacte ! Pour verbaliser cet état de fait, nous avons organisé une confrontation entre les deux hommes. Une fois l'abcès crevé, le dialogue s'instaura entre eux sur des bases nouvelles mais le fossé était toujours là. Avec l'un des actionnaires, nous avons alors eu l'idée de mettre en place un « sas » entre le laboratoire, qui sortait des résultats de recherche bruts, et l'équipe opérationnelle qui développait les produits. Ce « sas » prit la forme d'un service à la tête duquel une personne était en charge d'identifier d'une part, les marchés possibles et d'autre part, les besoins clients. Cette personne constitua l'interface entre eux deux, et le binôme a enfin marché.

Les conseils le savent bien : la première impression est rarement la bonne dans les missions de retournement d'entreprises. Il est fréquent d'aboutir à une conclusion différente quelques semaines ou parfois quelques mois plus tard, notamment en ce qui concerne les origines de la crise. Il faut poser un bon diagnostic.

CHAPITRE 5

CONDUIRE LE SAUVETAGE

*Mettre en œuvre le plan d'actions
dans certaines typologies d'entreprise*

Nous verrons dans ce chapitre comment le plan de redressement se met en œuvre en fonction de la typologie de la difficulté.

DEUX VOIES POSSIBLES DE SAUVETAGE : EN DEHORS OU DANS LE CIRCUIT JUDICIAIRE

Quelle que soit la crise, l'enchaînement des événements va :

- soit permettre l'émergence d'un plan pour sauver l'entreprise, avec ou sans phase judiciaire ;
- soit orienter vers une disparition de l'entreprise avec, dans ce cas, obligatoirement une phase judiciaire.

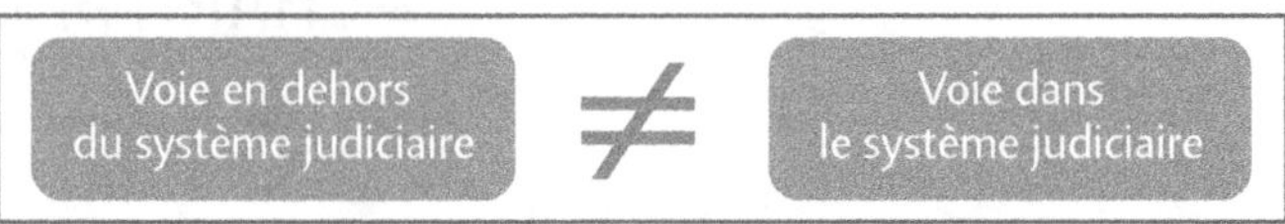

Figure 5-1 : Deux voies non concurrentes

Quand le processus de sauvetage passe par une voie judiciaire cela induit dans l'inconscient collectif la fin proche de l'entreprise. La direction d'une entreprise, quelles que soient les explications développées, a donc beaucoup de mal à opter pour cette solution.

Cependant, ces dernières années, les tribunaux de commerce et le législateur ont facilité son utilisation en mettant en place des procédures telles que des plans de conciliation, des mandats *ad hoc* et d'autres plans de sauvegarde. Ils ont permis de démontrer qu'il s'agit là d'outils efficaces pour assurer la survie d'une entreprise, sans pour autant que la direction ne perde la main sur le contrôle de l'entreprise. Hélas, les chefs d'entreprise ont encore du mal à le concevoir. Nous espérons que cette lecture leur permettra de mieux comprendre ces précieux outils[1] et les accompagnera dans cette démarche afin de prendre de bonnes décisions le moment venu.

Il est intéressant de noter que la disparition d'une entreprise se faisant forcément par voie judiciaire, cela va connoter l'utilisation de cette dernière comme l'antichambre d'une fin annoncée. Par conséquent, recourir à cette voie pour sauver l'entreprise est souvent mal vécu. Il y a une confusion des genres bien évidemment, le recours à la voie judiciaire risquant d'annoncer une fin douloureuse alors même que des outils de sauvetage existent dans cette voie.

---

1. Cf. chapitre 7.

PRINCIPES GÉNÉRAUX DE LA MISE EN ŒUVRE DU PLAN RETENU

Une fois le diagnostic posé, et parfois même en parallèle de cette phase, débute celle de mise en œuvre opérationnelle du plan retenu.

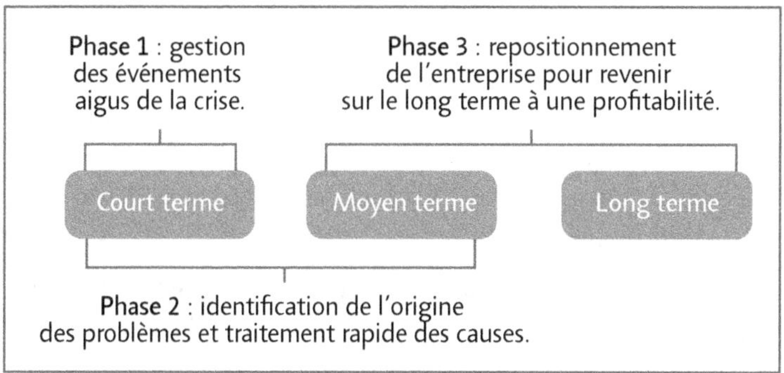

Figure 5-2 : Étapes possibles de la mise en œuvre du plan

Traiter la cause profonde de la crise

Rien ne sert de traiter les événements symptomatiques d'une crise si l'on n'en traite pas la cause plus profonde. Ainsi, un manque de liquidités peut-il être comblé par un apport immédiat de cash par des actionnaires et des banques, ou bien par l'optimisation du suivi de la trésorerie ou encore par la mise en place d'un plan de réduction des coûts, sans pour autant obtenir le retour à l'équilibre de l'entreprise dans une zone viable. La cause plus profonde de la crise peut revêtir plusieurs formes, par exemple, sur le volet commercial : la chaîne commerciale mal optimisée, la mauvaise rémunération de l'effort commercial, le manque de formation de la force commerciale.

S'interroger sur la structure de l'organisation

L'organisation est-elle optimale? Pour répondre à cette question, nous nous devons d'être nuancés car une organisation est au service de l'objet de l'entreprise. Warren Buffet disait: «Autant une bonne entreprise avec un bon modèle peut être dirigée par un manager inefficace, autant un bon manager peut perdre sa réputation en dirigeant une mauvaise entreprise.» Cela signifie que le poids de l'organisation est souvent plus important que le poids du dirigeant dans la réussite d'une transformation... sans cependant vouloir réduire le rôle du dirigeant.

Et là, il faut être vigilant, car une entreprise mal organisée, mal structurée, peut ne pas être dans la capacité d'intégrer les changements à une vitesse suffisante pour permettre un retour de l'activité dans une zone positive. Et cela dans un laps de temps compatible avec celui nécessaire pour la sortir de l'impasse.

> La mesure de la maturité de l'entreprise, effectuée en phase de diagnostic, est un indicateur déterminant pour savoir si une entreprise peut être sauvée. Je pense que toutes les entreprises peuvent l'être, mais toutes ne le méritent pas car elles ne s'en donnent pas les moyens.

Modéliser financièrement l'entreprise

La phase de mise en œuvre impose, la plupart du temps, une modélisation financière de l'entreprise. Il ne s'agit pas de préparer un business plan et un plan de trésorerie sur le court terme, ou bien sur quelques années, mais bien de modéliser l'activité à partir des données. La modélisation permet, d'une part, d'influencer la génération du chiffre d'affaires et du résultat et, d'autre part, de déterminer l'évolution des charges en fonction de l'activité et à partir de données spécifiques ; ce qui donne la possibilité de produire plusieurs scénarios avec une comparaison de l'impact de chacun d'eux sur le résultat, sur la trésorerie et sur le besoin en fonds de roulement.

Un bon modèle financier variabilise les hypothèses et permet de visualiser le résultat de tests de sensibilité aux paramètres essentiels de l'activité de l'entreprise.

On dispose ainsi d'un jeu d'hypothèses avec des données que l'on peut changer pour en mesurer les impacts comme ceux d'un effet de seuil, d'une fermeture de site, d'une cession d'actifs, d'une restructuration de dettes, etc.

Il est important de pouvoir mesurer rapidement l'effet produit des multiples scénarios qui ne manqueront pas d'être envisagés durant cette période ; l'intérêt étant, bien sûr, de pouvoir démontrer lequel d'entre eux crée la plus grande valeur à court, moyen et long terme pour l'ensemble des parties prenantes de l'entreprise.

C'est sur la base de ces scénarios, dont la finalité est bien démontrée, que des discussions entre tous les acteurs pourront avoir lieu.

En 2001, lorsque j'ai créé mon entreprise actuelle, j'étais domicilié à Toulouse et, devant me rendre régulièrement à Paris, je logeais, cinq ans durant, dans un hôtel d'un grand groupe international. Le directeur général me demandait régulièrement d'évaluer la qualité perçue et les conséquences d'une nouvelle direction opérationnelle. En effet, dans cet établissement, des directeurs de l'hébergement se succédaient à un certain rythme. Sans trouver rien à y redire jusqu'alors, je fus pourtant étonné de constater la dégradation survenue six mois seulement après l'arrivée d'un mauvais directeur. Alors que cela n'était jamais arrivé, je retrouvais de la poussière sous les lits. C'était pourtant les mêmes équipes de gouvernantes et de personnel de ménage qui étaient à l'œuvre, mais en six mois le laisser-aller au sommet faisait des dégâts jusque dans les chambres. Là, le dicton selon lequel « Le poisson pourrit toujours par la tête » trouvait tout son sens.

Il y a des exceptions mais dans certains métiers comme l'hôtellerie, un mauvais manager peut annihiler toute une organisation mise en place précédemment, et cela avec une même équipe.

CLASSIFICATION DES ENTREPRISES

Toutes les crises décrites dans le précédent chapitre peuvent survenir dans les entreprises ; aucune n'est à l'abri. Un plan de sauvetage spécifique à chacune d'entre elles doit alors être élaboré. Néanmoins, on peut convenir d'une classification à mettre en place, où se dessinent certaines tendances par catégorie d'entreprise. C'est le choix fait pour cet ouvrage. Il en existe d'autres.

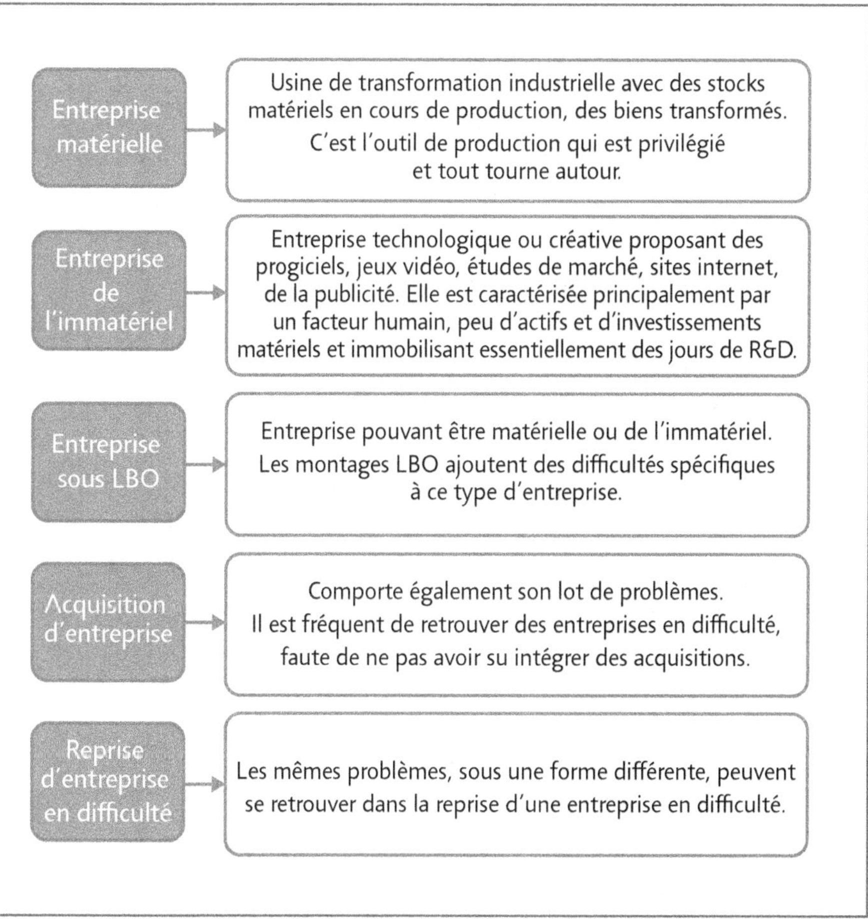

Figure 5-3 : Différentes catégories d'entreprises en difficulté

COMMENT AGIR FACE À UNE ENTREPRISE MATÉRIELLE ?

Les entreprises qui délivrent des produits physiques sont bien ancrées dans l'univers matériel auquel appartiennent, par exemple, les constructeurs automobiles et leurs sous-traitants, les industriels de l'aéronautique et du spatial, les laboratoires pharmaceutiques, les industriels de l'agroalimentaire, et à la limite les acteurs de la santé et certains autres du loisir.

On peut considérer que ces entreprises présentent majoritairement un profil décrit comme suit :

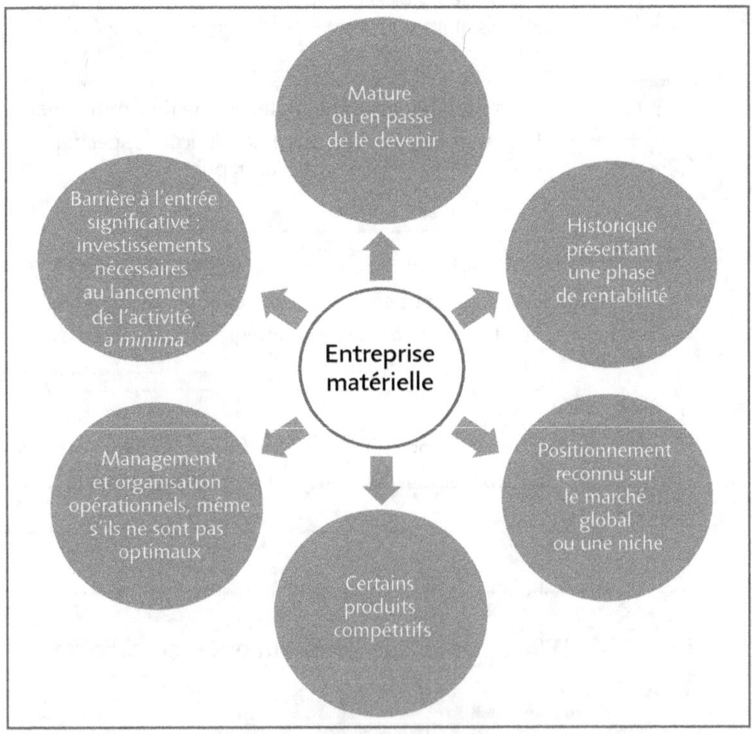

Figure 5-4 : Quelques caractéristiques d'une entreprise matérielle

Quelles sont ses difficultés ?

Souvent, mais pas uniquement, l'entreprise se retrouve en difficulté du fait d'un déséquilibre entre les dettes à rembourser et l'EBITDA généré devant permettre de les couvrir. Ces difficultés peuvent avoir pour origine un montage LBO hasardeux, une dette d'acquisition visant à financer la croissance externe, un retournement conjoncturel ne permettant plus d'atteindre les objectifs d'un business plan, la fin d'un cycle de marché pour les produits proposés... Au-delà des actions opérationnelles, il est nécessaire de mener une restructuration de la dette avec les obstacles déjà décrits.

L'entrée en difficulté peut également provenir d'une défaillance managériale, d'un retournement conjoncturel du marché, d'un changement réglementaire...

La recherche des solutions

Généralement, l'analyse de ce type d'entreprise concerne la clientèle, le mix produit, la marge et la valeur ajoutée dégagée par catégorie de produit, l'optimisation des coûts de production, la maîtrise de son BFR, la rémunération de la chaîne commerciale. Il s'agit de déterminer les sources de profit dans l'entreprise.

Pour évaluer sa position compétitive sur son marché, voici ce qu'il faut étudier :

- la part de marché détenue, les tarifs et la structure de coût par rapport à la concurrence, l'optimisation des canaux de distribution ;
- l'évolution historique de la rentabilité et l'explication des ruptures éventuelles ;

- les besoins en investissements des sociétés du secteur et de la société en particulier ;
- les relations avec les clients et les sous-traitants du secteur ;
- les implantations géographiques en liaison avec celles des clients et des concurrents directs.

Il s'agit, avant tout, de déterminer si l'entreprise est viable sur son marché.

Ici, plus qu'ailleurs, la loi de Pareto (80/20) s'appliquera :
- 20 % des salariés contribuent fortement au développement de la société qui les emploie ;
- 20 % des clients font 80 % de la rentabilité ;
- 20 % des produits vendus concourent pour 80 % à la rentabilité.

Mais au-delà de cette théorie qui se révèle souvent exacte, une entreprise est un tout, et même les faibles contributeurs sont indispensables à son bon fonctionnement.

Cette analyse s'appuyant sur la loi de Pareto, qui pourrait sembler simpliste, est très utile ; elle permet de se faire une idée, sans entrer dans les détails, de l'entreprise, de se poser les bonnes questions et d'arbitrer les décisions. Par exemple, en fonction du contexte, vaut-il mieux réduire les 80 % de l'activité les moins rentables ou bien investir dans les 20 % les plus rentables ?

L'évaluation de l'environnement de l'entreprise est également une étape clé :

Marché	Est-il en croissance ? Quelles sont les perspectives à moyen et à long terme ?
Activité	Est-elle cyclique ? Y a-t-il une saisonnalité ?
Politique prix	Est-elle adaptée à l'offre de la concurrence ? Est-on dans un marché mature où l'offre à bas coût se développe ? Existe-t-il un marché haut de gamme qui persiste et surtout a-t-on la marque qui permet un tel positionnement ? Pour quelle valeur ajoutée ?
Investisseurs	Quels sont les investissements nécessaires pour rester compétitif dans ce marché ?
Ticket d'entrée	Quel est le ticket d'entrée ? Est-ce un frein à l'arrivée de nouveaux concurrents ?
Mutations	Quelles sont les mutations futures à envisager ? Est-ce que la dématérialisation a eu lieu ? Quels sont les enjeux liés à Internet ? L'offre produit est-elle impactée ? Les canaux de distribution changent-ils ?
Réglementation	Comment la réglementation évolue-t-elle ? À quoi faut-il s'attendre ?

Figure 5-5 : Comment évaluer son environnement ?

L'environnement extérieur est souvent soit peu suivi, soit vécu comme une fatalité. Il convient de comprendre que tous les concurrents sont soumis aux mêmes facteurs sauf dans les situations où peut exister une distorsion de concurrence ; auquel cas, il faut agir pour éliminer cette injustice.

Enfin, concernant la position du management, il est utile de se poser les questions classiques pour s'assurer que le manager est en capacité d'opérer le retournement.

Processus de sortie des difficultés

Des arbitrages particuliers			
Publicité	Stocks	Externalisation	Chute des valeurs d'actifs

Des améliorations		
Tri des secteurs, produits et services rentables	Ajustement de la capacité de production	Flexibilité

Figure 5-6 : Exemple de processus de sortie des difficultés

Pour améliorer la situation, la baisse des coûts de production et l'optimisation des processus de production, comme Toyota l'a fait durant des années pour devenir numéro un mondial, sont des facteurs clés dans ce type d'entreprise.

En outre, certains postes sont sujets à des arbitrages particuliers :

- Les frais de promotion et la publicité sont des postes immédiatement en arbitrage, car ils n'ont souvent que peu d'impacts à court terme sur les activités. Cela n'est pas le cas à plus long terme. Mais dans un marché en dépression, par exemple, le coût de la publicité a-t-il encore du sens? Il faut mesurer, encore une fois, le vrai retour sur investissement.

- Les stocks: une réduction de leur volume va être à l'ordre du jour car elle constitue une source d'économie instantanée, avec cependant un risque de livrer les clients dans un délai de temps supplémentaire et de perdre en flexibilité.

- L'externalisation de certaines activités qui coûteront moins cher à l'extérieur, avec pour conséquence une perte d'indépendance.

- La chute des valeurs d'actifs: les actifs d'une entreprise en difficulté vont chuter pour atteindre moins de 50% de leur valorisation avant l'entrée en période de difficulté.
  Cela vient rajouter une contrainte supplémentaire à la bonne réussite du sauvetage si des cessions doivent être envisagées.

En complément, voici certaines actions à mener pour améliorer la situation:

- faire le tri des secteurs, produits ou services rentables de ceux non rentables qu'il faut restructurer ou, dans certains cas, fermer s'ils ne sont pas stratégiques pour l'entreprise;

- ajuster la capacité de production et rendre flexible tout ce qui peut l'être; il faut également s'intéresser à rendre variables certains coûts fixes.

COMMENT SAUVER UNE ENTREPRISE DE L'IMMATÉRIEL : TECHNOLOGIQUE, INNOVANTE OU CRÉATIVE ?

Comment distinguer une entreprise du monde matériel de celle du monde immatériel ? La frontière est de plus en plus floue. À quel univers appartient une entreprise comme Apple, Samsung, Google ou Facebook ? Autant

Google et Facebook appartiennent résolument à l'univers de l'immatériel et Samsung à celui du matériel, autant la question peut se poser pour Apple qui fait preuve d'une dose de créativité et d'innovation importante, mais où l'on retrouve bien au bout de la chaîne des produits destinés au grand public.

Ces dernières années, l'explosion des entreprises de l'immatériel, qu'elles soient technologiques ou créatives, les a portées dans les premières capitalisations mondiales. Elles ont dépassé depuis quelque temps les valorisations des entreprises du secteur automobile ou de l'énergie.

> La capitalisation est une chose, la création de valeur en est une autre et le maintien à haut niveau est une gageure.

Dernièrement, le cas de Google a sans doute mis tout le monde d'accord : l'immatériel sous sa forme créative, innovante peut créer une vraie filière mondiale et détrôner des monopoles existants. Même si des modèles comme Facebook peuvent poser encore question sur le moyen terme, l'information est, à n'en pas douter, l'industrie de demain.

Toutes les entreprises de ce secteur n'ont pas cette dimension internationale.

Quelles sont ses difficultés ?

L'entreprise de l'immatériel peut se trouver dans une situation délicate pour les mêmes raisons que toutes les autres entreprises : sous-capitalisation, problèmes pour financer ses investissements. Mais, le plus souvent, ses difficultés sont aussi bien spécifiques car ces sociétés sont en phase de croissance.

» Les difficultés d'origine endogène sont fréquentes. Elles trouvent leur source dans la non-compétence managériale (le patron fondateur est un créatif frondeur et fait du micromanagement alors que sa société grandit), une croissance externe hasardeuse, la sous-capitalisation, des techniques de gestion de projets non maîtrisées couplées avec des processus internes inefficaces... L'organisation structurée de ce type d'entreprise est une gageure : il faut arriver à créer une sphère de liberté créative individuelle, et pour chaque équipe, dans un cadre solide et organisé.

» Les difficultés d'origine exogène sont plus rares. Elles peuvent néanmoins exister sous la forme d'une évolution plus rapide que prévue des technologies qui font disparaître brusquement un marché naissant pour laisser place au suivant. Ainsi certaines start-up ont-elles laissé passer le délai où il pouvait y avoir une adéquation entre leur offre et le marché visé, tandis que d'autres ont vu arriver des offres bouleversant la structure du marché sur lequel elles prévoyaient de s'installer.

Financer un délai plus long de R&D

La première des difficultés rencontrées est une sous-estimation du délai de développement nécessaire pour finaliser un produit, une offre, un service. Il n'est pas rare ni étonnant qu'il faille beaucoup plus de temps que prévu. En effet, les problèmes techniques sont nombreux, les fausses pistes existantes, les changements d'orientation nécessaires. Les actionnaires et investisseurs doivent, dès le départ, s'attendre à être en support financier régulier. En aucun cas, leur désengagement ne doit être lié au retard dans l'élaboration de l'offre. Comme tout processus innovant, celui-ci prend du retard.

Une mauvaise compréhension entre marketing et R&D

Une autre difficulté fréquente est le risque de rupture existant entre l'équipe R&D qui, à juste titre, pense qu'elle est seule créatrice de valeur, et ceux qui tentent de valoriser sur le marché les produits issus de l'équipe de développement. Souvent, ces deux parties ont du mal à échanger et il peut s'avérer nécessaire de créer un étage intermédiaire pour la fluidification de cette communication. Cela peut être le département marketing ou une personne dédiée au marketing.

Une qualité de business model et d'organisation à revoir

Il y a nécessité de se professionnaliser et de passer de l'artisanat créatif à l'industrialisation. Les évolutions rapides peuvent aussi bien servir que desservir l'entreprise. Le bouillonnement, l'effervescence créative, le fait que l'on ne sache pas encore ce qui marchera ou pas demain, font que la lisibilité du business model n'est pas simple.

Dans ce cas, il est important d'avoir une analyse en continu et de comprendre où réaliser la valeur et où se créent les pertes.

Comme partout, les hommes font la différence, et ici, encore plus qu'ailleurs : il est nécessaire de distinguer les talents créatifs des managers. Souvent, le fondateur inventeur est le pire des dirigeants. Il doit pouvoir accepter de laisser les rênes de l'entreprise à de vrais managers. C'est pourquoi, il faut définir qui est responsable, qui décide, qui dirige, qui exécute.

La recherche des solutions

Les solutions à rechercher dans ces contextes sont souvent assez standards, et concernent les éléments saillants de ces contextes qui ont été définis précédemment.

Tout d'abord, il faut se demander si le produit en cours de développement est constamment en phase avec son marché ciblé. Et dans ces conditions, comment alors tirer parti des recherches menées pour s'adapter aux évolutions inhérentes à ces environnements, quitte à revoir le positionnement de l'offre sur le marché.

La plupart du temps, ce qui génère les revenus est fort loin de l'idée d'origine.

Processus de sortie des difficultés

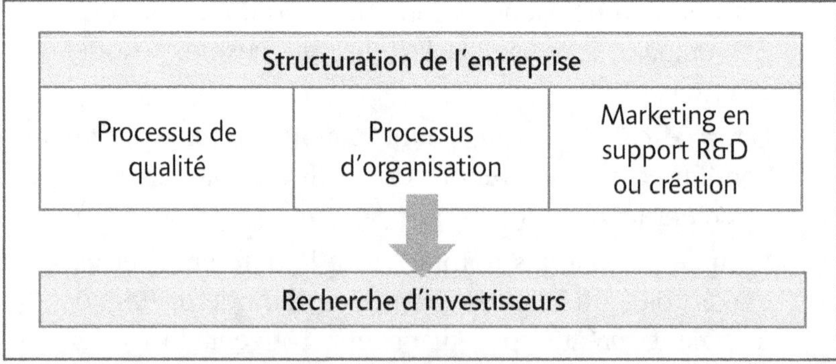

Figure 5-7 : Exemple de processus de sortie des difficultés

Une fois le développement suffisamment abouti, il faut commencer à structurer l'entreprise en la dotant de processus qualité, d'organisation et souvent d'un étage marketing chargé d'aider la R&D ou l'équipe créative à communiquer avec l'équipe de développement des produits destinés à être vendus. Il faut faire le choix entre vendre un produit ou un service, ou bien vendre une licence ou une idée.

Ensuite, il est essentiel de rechercher des investisseurs pour chaque phase de la vie de l'entreprise. Pour une start-up, on fait appel successivement à la famille et à ses amis, aux «business angels» ou «love money», aux investisseurs privés avertis, à des organismes divers d'aides, à des fonds généralistes et spécialisés, à des industriels avisés…

COMMENT GÉRER UNE ENTREPRISE SOUS LBO EN DIFFICULTÉ ?

Le Leverage Buy-Out (LBO) est un montage extraordinaire de rachat d'entreprise. À première vue et tant qu'il n'y a pas de problèmes ardus à surmonter, ce montage peut paraître attractif, séduisant, miraculeux… tant qu'il n'y a pas de problèmes, avons-nous dit!

Le LBO sous toutes ses faces

Application pratique

Un montage LBO permet à un acquéreur (A), qui peut être un individu, un groupe d'individus, une entreprise, une société *ad hoc*, le management en place, ou encore une holding d'acquérir une entreprise cible (B) sans même disposer des fonds nécessaires. Pour ce faire, l'acquéreur (A) va s'endetter.

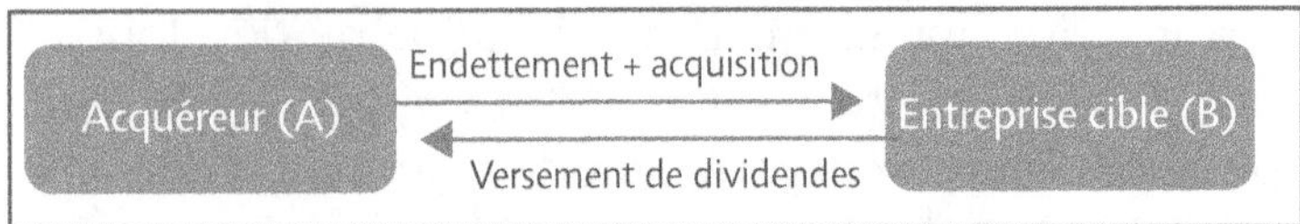

Figure 5-8 : Schéma d'un montage LBO

Ce montage présente deux avantages principaux :

- il permet à l'acquéreur d'acheter une société sans avoir à mobiliser de fonds propres ;

- il permet à l'acquéreur de diminuer son assiette fiscale en y déduisant la charge d'intérêts générée par la dette, grâce au principe d'intégration fiscale.

Intégration fiscale

Principe français qui participe au succès du LBO. D'ailleurs, ce principe est de plus en plus remis en question, et pourrait sans doute disparaître. L'intégration fiscale entre une société mère et sa fille est acceptée par le fisc si la société mère détient plus de 95 % du capital de la fille. Dans ce cas, seule la société mère acquitte l'impôt et peut ainsi imputer les pertes de sa fille à son résultat, générant ainsi une économie d'impôt.

Dans le scénario parfait, le montage LBO s'autofinance, en ce sens que les seuls dividendes versés par la société d'exploitation (B) à la maison mère (A) assurent le service de la dette.

Somme que l'emprunteur doit rembourser chaque année pour honorer sa dette. Le service de la dette inclut la part du principal dû et les intérêts courus.

Dans ce cas, aucune avance de cash n'est nécessaire, (A) finance entièrement l'acquisition de (B) grâce aux dividendes versés par (B). En d'autres termes, (A) a acquis une société (B) en souscrivant à une dette que (B) rembourse *via* des remontés de dividendes. En outre, les intérêts de la dette sont déduits de la charge d'impôt du groupe ainsi formé grâce au jeu de l'intégration fiscale. Nous voilà devant un montage merveilleux. Mais encore une fois, on rencontre cette configuration parfaite uniquement lorsque «tout va pour le mieux dans le meilleur des mondes» !...

Évolution du marché des LBO

Le LBO a tellement séduit, qu'en l'espace de trente ans, le montant total des transactions est passé de quelques milliards de dollars à plus de 200 milliards de dollars en 2010, après avoir atteint son apogée, aussi bien aux États-Unis qu'en Europe, en 2007, à plus de 800 milliards de dollars. Ce sont ainsi plus de 90 milliards de dollars de dettes qui ont été accordés en 2007 dans l'Hexagone et plus de 250 milliards au total en Europe, le reste ayant été principalement réalisé aux États-Unis.

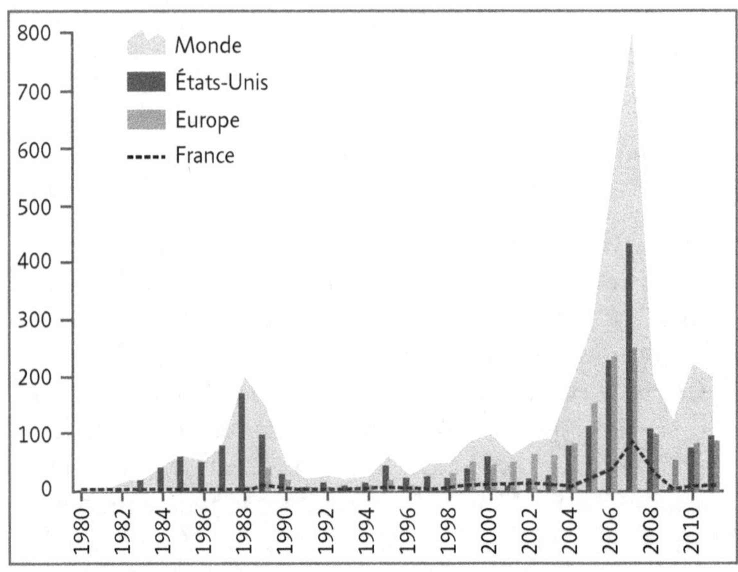

Figure 5-9 : Évolution du marché des LBO depuis 1980

Les différentes finalités d'un LBO

Nous pouvons distinguer plusieurs types de LBO. Certains sont vertueux, d'autres moins.

▸ Un excellent LBO permet un endettement par effet de levier, notamment pour financer des investissements que l'entreprise cible ne pourrait pas financer autrement tels un investissement pour un nouvel équipement, l'acquisition d'une entreprise concurrente dans le but d'atteindre une taille critique. Dans ces cas de figure, on peut espérer qu'une partie du poids de la dette sera contrebalancée par la création de valeur liée à l'investissement ainsi financé. Nous pouvons parler ici de LBO vertueux.

▸ Un LBO, dont la finalité est compréhensible, sert à faire des montages permettant la transmission d'entreprise. La transmission d'entreprise reste effectivement un réel problème. Prenons l'exemple d'un patron fondateur vieillissant qui souhaite se retirer, et désire transmettre son entreprise à un membre de sa famille ou bien à l'un de ses managers ou encore à un tiers, tout en bénéficiant de son investissement qu'il a fait fructifier pendant des décennies. Il arrive que ces patrons fondateurs n'aient malheureusement pas organisé leur retraite comme il aurait fallu... Dans ce cas précis, l'endettement par effet de levier des nouveaux acquéreurs trouvera tout son sens. Chacun des protagonistes, y compris les investisseurs qui ont accompagné ce montage, tirera son épingle du jeu, à condition, bien entendu, de ne pas être trop gourmand.

▸ Un LBO peut aussi n'être que spéculatif. Dans ce cas, le montage fait fi du passé, se concentrant uniquement sur les perspectives futures de l'entreprise et la positionne alors dans un schéma pour le moins hasardeux. Il s'agit, la plupart du temps, de montages financiers hypothéquant l'avenir de l'entreprise au bénéfice des porteurs de l'opération. Ces LBO limiteront intrinsèquement l'investissement par le biais de covenants qui privilégieront le service de la dette au détriment du reste.

▮ Covenant

> Les covenants bancaires sont des clauses d'un contrat de prêt qui définissent souvent des ratios à respecter, et en cas de non-respect des objectifs peuvent entraîner le remboursement anticipé du prêt.

Le LBO démultiplié

Ces LBO spéculatifs, très en vogue dans les années 2000, en particulier vers 2006 et 2007, ont connu un tel succès qu'ils ont donné lieu à la création de montages successifs de LBO permettant de reproduire l'opération financière. Ce schéma mis en place, on recommençait avec des enjeux encore plus hauts, plus forts et plus chers. C'est ainsi que nombre de LBO secondaires, tertiaires... ont vu le jour.

> **LBO secondaire, tertiaire...**
>
> Acquisition, sous la forme d'un LBO, de sociétés cibles ayant déjà fait l'objet d'un premier LBO.

La crise a sonné la fin de la partie... Tout le monde revient peu à peu à l'orthodoxie de base, en invoquant la nécessité de constituer des fonds propres suffisants pour équilibrer le bilan face au poids de la dette. Mais pour certains, il est déjà trop tard.

Nous verrons ci-après comment ces entreprises se retrouvent en difficulté et quelles sont les pistes pour en sortir.

Un exemple de LBO tertiaire en difficulté

En 2007, je fus appelé pour rencontrer l'un des dirigeants d'un groupe leader dans le secteur de la construction immobilière en France. En effet, l'intervention d'un cabinet de gestion de crise avait été souhaitée, à la fois par les banques créancières et par le Comité interministériel de restructuration industrielle (CIRI).

.../...

...\...

Cette entreprise, numéro un de son secteur, avait effectué un premier LBO en direction de son management en 1999, suivi d'un deuxième LBO élargi en 2003, pour aboutir à un troisième LBO en 2006, attirant toujours plus de banquiers et de managers.

La réussite virtuelle des deux premiers LBO se confirmait en argent sonnant et trébuchant pour les premiers managers qui, au deuxième LBO, avaient retiré un peu de cash pour eux-mêmes[1].

En ce début de crise, le secteur de la construction immobilière marquait le pas. Le schéma LBO, construit pour la croissance, mettait immédiatement l'entreprise en difficulté. Elle avait besoin d'augmenter ses lignes à court terme mais le LBO la plaçait en situation de surendettement et elle n'avait plus accès à du crédit supplémentaire.

J'ai tout de suite constitué une équipe assez nombreuse d'une dizaine d'intervenants :

▶ Des responsables ressources humaines (RRH), pour évaluer le management, optimiser les ressources humaines et se mettre en lien avec les responsables syndicaux, lesquels allaient se révéler être des atouts extrêmement précieux dans les mois à venir.

▶ Des financiers, pour retravailler et « challenger » les plans de trésorerie et les business plans élaborés par l'un des « big 4 » du conseil. L'équipe détachée par le « big 4 »

...\...

---

1. En mettant en place un nouveau LBO, on valorise en règle générale l'entreprise à un niveau plus élevé que précédemment. Ainsi, il est possible pour certains actionnaires de sortir totalement ou partiellement en enregistrant une plus-value. Ce phénomène contribue à attirer d'autres managers de ce groupe qui voient là soit de l'argent facile, soit une juste participation à l'entreprise à laquelle ils appartenaient.

▸ était très compétente et accomplissait un travail de qualité, s'appuyant sur les dires du management. Mais les prévisionnels n'étaient pas tenus et les banques étaient fébriles. Les financiers de mon équipe étaient alors chargés de rapprocher et de mettre en phase les réalités constatées sur le terrain avec les prévisionnels idéaux qui étaient imaginés en centrale, au siège.

▸ Un responsable commercial, pour passer en revue l'ensemble de l'activité commerciale et surtout la chaîne de rémunération des commerciaux terrain.

▸ Des dirigeants aguerris aux situations de crise, pour travailler avec les cadres dirigeants en place afin de les aider à décrypter les situations complexes de crise.

Nous avons œuvré sur plusieurs fronts :

▸ la restructuration de la dette avec les banques ;

▸ la recherche de fonds ;

▸ le maintien de la participation des assureurs crédits ;

▸ la définition de la stratégie et l'élaboration d'un nouveau business plan qui tiendrait compte de la dégradation de l'activité ;

▸ la recherche d'un nouvel actionnaire de référence.

Cette mission dura un an, jusqu'à l'entrée d'un nouvel actionnaire de référence, au moment du retour à l'équilibre d'exploitation.

Ces LBO multiples sont souvent sources de nombreux problèmes éclatés car ils brident les investissements nécessaires.

Quelles sont ses difficultés ?

L'entrée en difficulté d'une entreprise sous LBO se manifeste souvent par un bris de covenant.

> **Bris de covenant**
>
> Non-respect d'une clause d'un contrat de prêt qui, en cas de non-respect des objectifs, peut entraîner le remboursement anticipé du prêt. Le covenant bancaire, dans le cadre d'une opération à effet de levier de type LBO, se traduit par l'introduction, de la part des organismes prêteurs, de clauses de respect de ratios financiers afin de réduire le risque d'insolvabilité de l'emprunteur.

Le bris de covenant correspond donc au non-respect de l'une des obligations contractuelles signées avec le pool bancaire à l'origine du prêt ayant permis le montage du LBO. Lors de la mise en place de ce type de montage, il faut savoir que la dette contractée est souvent répartie, pour des questions de partage des risques, entre plusieurs organismes prêteurs. L'un des organismes financiers en liste, appelé «chef de file» ou «Lead investor», est chargé du suivi de la relation, conformément à une documentation très dense signée lors de la mise à disposition des fonds. Ce règlement contient un certain nombre de clauses à respecter, souvent très contraignantes, non pas uniquement pour l'entreprise holding prêteuse, mais également pour l'entreprise cible dont on exige un certain niveau de profitabilité. Ces clauses incluent des ratios de structure et de profitabilité, tels que dettes/fonds propres, EBITDA/dettes, ainsi que des contraintes limitatives comme un montant maximal autorisé d'investissements. Ces clauses doivent être scrupuleusement respectées et leur non-respect occasionnerait une exigibilité immédiate de l'intégralité du prêt. Ce principe est rarement appliqué, mais cela oblige néanmoins le prêteur à revenir à des négociations avec le pool bancaire en situation de faiblesse.

L'entrée en difficulté d'une entreprise sous LBO est donc souvent la conséquence d'une chute de rentabilité opérationnelle, d'un besoin d'investissements non programmé, ou parfois tout simplement de covenants trop stricts au regard de la réalité opérationnelle de l'entreprise (c'est là le cas le plus simple à traiter).

La recherche de solutions

La solution purement financière

Souvent, la sortie de crise passe par une simple discussion, en bonne intelligence, avec l'ensemble des acteurs, pour finalement constater que l'entreprise ne se trouve pas en situation de risque, mais que, tout simplement, les covenants étant trop stricts, il faut les adapter à la situation réelle.

La crise économique actuelle a obligé de nombreux organismes financiers à accepter de revoir les conditions de remboursement des dettes octroyées, notamment d'accepter le remboursement différé de certaines échéances lorsque la société d'exploitation, ne possédant aucune visibilité sur ses perspectives de retour à la croissance, n'est à même d'honorer le remboursement des échéances de la dette contractée par la maison mère.

Dans d'autres cas, des facteurs exogènes telle une situation économique tendue, conduisent les acteurs concernés à constater une réelle baisse de la rentabilité économique empêchant l'entreprise d'assurer le service de sa dette. Il faudra alors envisager des solutions beaucoup plus stratégiques.

La relance de l'activité

Relancer une activité sous LBO oblige souvent à traiter de front plusieurs sujets :

- La négociation avec les créanciers pour restructurer la dette : l'incapacité de procéder au remboursement d'une échéance est souvent le premier signal des difficultés. Se pose alors la question de l'identification de la cause profonde :
  - Est-ce un facteur exogène passager, comme une chute temporaire du marché ciblé ?
  - Est-ce un facteur exogène permanent, comme une surestimation du marché ?
  - Est-ce un problème de sous-investissement, qui fait « décrocher » l'entreprise de son marché ?
  - Est-ce un problème de sous-performance, qui nécessite des travaux internes d'optimisation ?
- La hiérarchisation des investissements, en identifiant ceux absolument indispensables pour garantir la pérennité de l'activité.
- Les actions d'optimisation interne, incluant la revue des processus, de l'organisation et du management.

Si les causes sont temporaires, une simple restructuration financière suffit.

Dans le cas contraire, on arrive inéluctablement à une problématique de revue du business model.

Le changement de business model

Lorsque l'entreprise ne génère plus suffisamment de cash et ne peut plus accéder au marché de la dette, du fait de son surendettement hérité du LBO, pour couvrir le poids de la dette et ses besoins d'investissement, un changement de business model s'impose. Il s'agit de revoir le plan de développement de l'entreprise et de découvrir de nouvelles voies de profit.

Ces nouvelles voies de profit peuvent prendre diverses formes :

- de nouveaux produits en phase avec le marché actuel ;
- la recherche d'économie d'échelle par une alliance stratégique, l'optimisation des coûts internes ;
- la recherche de partenariats structurants ;
- l'identification de nouveaux actionnaires de référence, pouvant aider à porter un nouveau projet d'entreprise ;
- l'amélioration de sa position compétitive.

La liste est très longue, des outils de type SWOT, KPI peuvent aider à identifier ces nouvelles voies de profit.

Strengths, Weaknesses, Opportunities, Threats (SWOT)

En français, Forces, Faiblesses, Opportunités, Menaces, SWOT est une méthode qui permet d'auditer une organisation ainsi que son environnement, en identifiant les facteurs clés de succès afin de définir un plan d'action stratégique.

> ### Key Performance Indicators (KPI)
>
> En français, Indicateurs Clés de Performance, les KPI permettent le pilotage et le suivi de l'efficacité des éléments auxquels ils sont rattachés.

Processus de sortie des difficultés

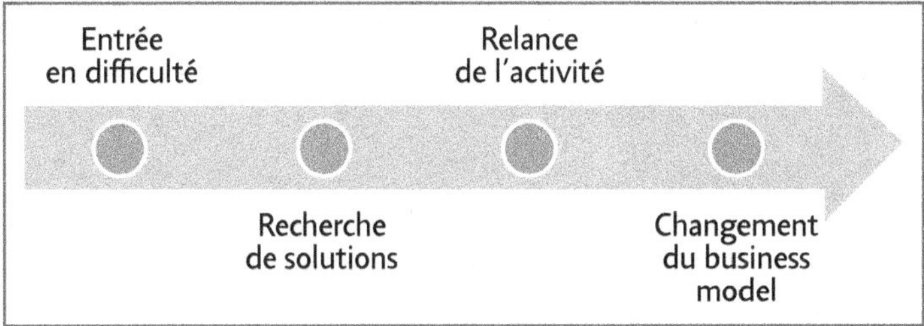

Figure 5-10 : Processus de sortie des difficultés

Pour autant, l'entreprise en crise, seule, ne pourra pas toujours supporter ce nouveau relais de croissance. En effet, la «meilleure solution» est parfois difficilement applicable à une entreprise en crise. Tout dépend, en réalité, de son degré de maturité et de sa facilité à intégrer ce nouveau «meilleur plan».

> Le meilleur plan d'action au monde pensé pour une entreprise ne peut être mis en œuvre que si elle atteint un niveau de maturité suffisant pour être capable de l'intégrer et de l'assumer au quotidien.

Il est donc primordial de prendre le temps de parler avec des représentants de tous les niveaux de l'entreprise : du dirigeant aux salariés en passant par le comité de direction et le management intermédiaire, sans oublier les représentants des syndicats ou des instances représentatives du personnel (IRP).

LES ISSUES FÂCHEUSES DES FUSIONS APRÈS DES ACQUISITIONS

Ce sujet a déjà été abordé dans le chapitre 4[1]. Nous allons donc nous intéresser ici aux solutions lorsque l'acquisition externe a été mal préparée et que, immédiatement, ou bien quelques années plus tard, l'impact du rapprochement va générer son lot de difficultés pouvant aboutir à une dégradation critique de l'entreprise.

L'entrée en difficulté

L'entrée en difficulté peut se manifester de différentes façons au fil du temps :

- Le mix culturel qui ne prend pas, l'émergence de chapelles qui s'affrontent, les conspirations et les alliances de circonstance qui se nouent dans les couloirs. Chacun souhaitant défendre son identité, son organisation et son poste.

- Des problèmes structurels et organisationnels récurrents : informatique, qualité, SAV, services aux clients...

- Un retard pris sur son marché.

Le rapprochement vire vite au cauchemar.

---

1. *Cf.* la section «Crise de croissance».

Quelles sont les difficultés
d'une croissance externe?

Les acquisitions externes sont souvent source de difficultés sous-estimées. Très rarement, le rapprochement de deux entreprises permet de générer un revenu post-acquisition supérieur au cumul des deux revenus préacquisitions. En règle générale, on constate une chute du chiffre d'affaires cumulé. Il vaut mieux s'y attendre pour éviter des déceptions, un homme averti en vaut deux, 80 % des opérations génèrent des problèmes.

Il est recommandé, avant toute opération, d'en mesurer les risques et les conséquences afin d'avoir les bons réflexes au bon moment. Dans une opération de rapprochement, le facteur temps et le plan opérationnel à mettre en œuvre sont très importants.

Aller vite?

En voulant aller vite, on peut générer des blocages à tous les niveaux :

- Les facteurs culturels : le rapprochement de deux cultures qui ne se complètent pas, ou pire, ne se comprennent pas peut prendre des années. Pour s'en convaincre, on peut prendre pour exemple les difficultés de rapprochement d'entreprises publiques et privées bien connues : Pole emploi, DCNS, France Telecom...

- Les éléments identitaires : on a du mal à quitter une marque que l'on a défendue durant des années.

- L'organisation issue d'un rapprochement où chacun va craindre de perdre son poste et ses acquis.

- Les conventions collectives à arbitrer : la loi ne permet pas une fusion rapide de conventions collectives différentes en France, sauf en cas d'accord négocié.
- L'harmonisation des grilles salariales et des contrats de travail.

Accord collectif applicable en cas de fusion

Les dispositions les plus favorables de l'ancien accord s'appliqueront encore pendant un préavis de trois mois, puis pendant un délai maximal d'un an. Un accord de substitution ne peut pas entrer en vigueur avant l'expiration du délai de préavis. Une négociation doit alors s'engager dans l'entreprise d'accueil afin d'élaborer les nouvelles dispositions et d'adapter temporairement les dispositions plus favorables à celles en vigueur au sein de la nouvelle entreprise. En principe, les dispositions provisoirement maintenues cessent de s'appliquer au bout de ces quinze mois.

Enfin, d'autres difficultés collatérales vont découler de cette fusion : le rapprochement des systèmes d'information, de communication, qualité, des méthodes, des pratiques...

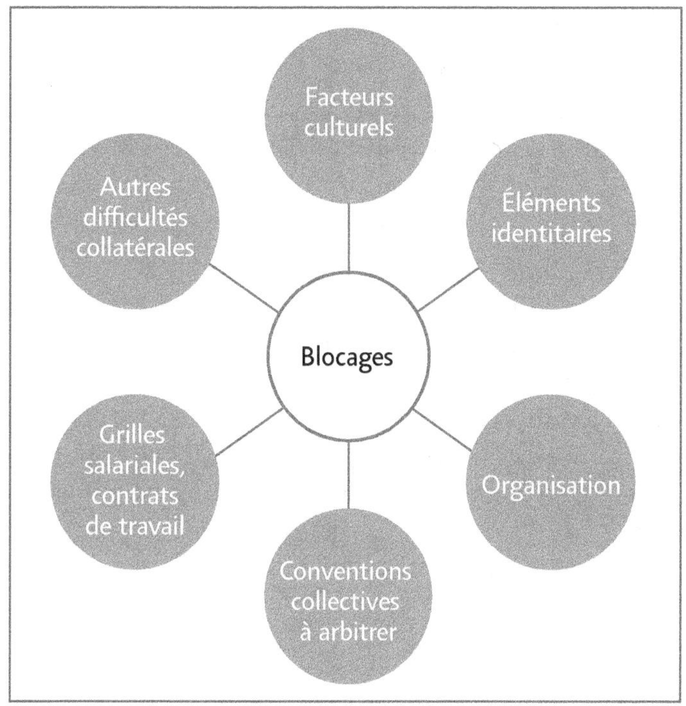

Figure 5-11 :Types de facteurs externes causant des blocages

Aller lentement ?

Aller lentement n'est pas recommandé non plus car la fusion ne se fera jamais. Des exemples comme le rapprochement d'Air France et de KLM viennent à l'esprit où, dix années plus tard, on peut se poser la question de son sens. En clair, la fusion est tellement lente que l'on peut se demander si une simple alliance stratégique n'aurait pas suffi. Et pourtant le cas Air France-KLM a longtemps été considéré comme un modèle de fusion à suivre. Alors est-ce que le secret ne résiderait pas dans un rapprochement capitalistique, la recherche de quelques synergies et le maintien des filiales comme elles étaient avant le rapprochement?

Un second écueil à la lenteur consisterait en l'attitude de chacun à s'organiser pour continuer à vivre comme avant, avec juste un nouveau «lointain cousin».

Vouloir rechercher des compromis?

Dans certains cas, la recherche de trop de compromis peut virer à la catastrophe. L'exemple d'Alcatel avec Lucent est évidemment le cas d'école par excellence d'un rapprochement destructeur de valeur par sa recherche de compromis ayant poussé à commettre le pire: assembler deux personnalités incompatibles à la tête de l'entreprise pour la codiriger. Nous faisons face, dans ce cas, à un amateurisme d'envergure qui a mené l'entreprise à sa perte.

En outre, les compromis sont très souvent la source du blocage de tout un processus.

La recherche des solutions

Entre aller vite ou lentement, rechercher des compromis ou trancher dans le vif, c'est l'expérience qui doit parler. Souvent, il faut cheminer sur une ligne de crête et accepter de prendre des décisions rapides ou prendre le temps en fonction des sujets:

- Afficher immédiatement une identité commune, sinon il ne faut pas faire l'opération.
- Doter rapidement les entités rapprochées d'un projet fédérateur fort et d'une vision nouvelle partagés par tous; si le rapprochement est le prétexte à une augmentation de chiffre ou bien la recherche d'économie d'échelle, l'adhésion ne

sera pas au rendez-vous avec, très vite, sa cohorte de problèmes.

» Étudier, en prenant son temps, l'impact réel des opérations de réductions de coûts, en particulier si elles touchent le volet social. Bien sûr, d'autres opérations qui jouent sur les économies d'échelle comme l'obtention de meilleures conditions d'achats ou de sous-traitance sont, elles, à mener rapidement.

» Réorganiser au cas par cas, et surtout en communiquant sur le sens donné à cette fusion.

Processus de sortie des difficultés

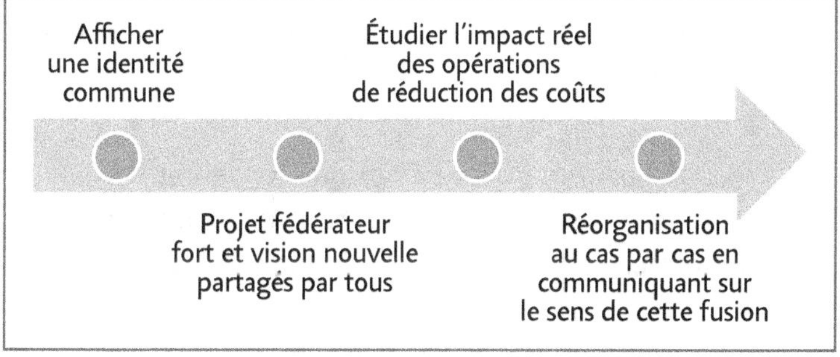

Figure 5-12 : Comment se sortir des blocages externes

Dans tous les cas, à l'instar de la mise en place rapide d'une identité commune et la vision partagée du futur de l'entreprise, un plan de réduction des coûts doit également être compris, accepté et partagé pour une mise en œuvre efficace.

Sur le plan financier, si l'acquisition n'a pas été faite avec des ressources disponibles sur le long terme ou que le coût de la structuration a été sous-estimé, il faut alors, d'urgence, reconstituer des fonds propres suffisants. Pour ce faire, il existe deux alternatives possibles : soit en les levant auprès de ses partenaires financiers (banques, investisseurs), soit en vendant d'autres actifs ou même, à l'extrême limite, en revendant l'acquisition, source des problèmes. Cette dernière solution peut sembler douloureuse, mais il y a des arbitrages parfois nécessaires. Souvent, il est imaginé avant l'acquisition que la rentabilité du nouveau périmètre permettra de financer aisément l'acquisition. Mais la rentabilité souhaitée peut se trouver retardée par les verrous et les freins à l'intégration des deux structures.

En termes d'organisation et de chaîne de management, il ne faut pas hésiter à tout mettre à plat et à reconstruire un schéma plus performant. L'organisation de séminaires et de grands événements fédérateurs aidera à dresser les grandes lignes de la vision future.

Il est recommandé de faire preuve de patience, le passage en force dans ces contextes-là étant rarement une option efficace. Il faut privilégier le dialogue.

LES BONNES PRATIQUES POUR REPRENDRE UNE ENTREPRISE EN DIFFICULTÉ ET LA SAUVER

Reprendre une entreprise à la barre du tribunal de commerce pour quelques euros peut sembler, dans certains cas, être une bonne opération. Sachez cependant qu'une reprise dans ce contexte-là oblige à des engagements sur la durée (souvent au minimum deux années) en termes à la fois de maintien de l'emploi et d'investissement pour relancer l'activité.

Alors, comment faire pour reprendre une entreprise en grande difficulté? Tout d'abord, il faut s'intéresser à l'entreprise, si possible avant le jour où une offre doit être déposée, afin d'avoir un avis sur les difficultés, le secteur, l'activité, les produits et le management.

Voici les critères qu'il est important d'analyser:

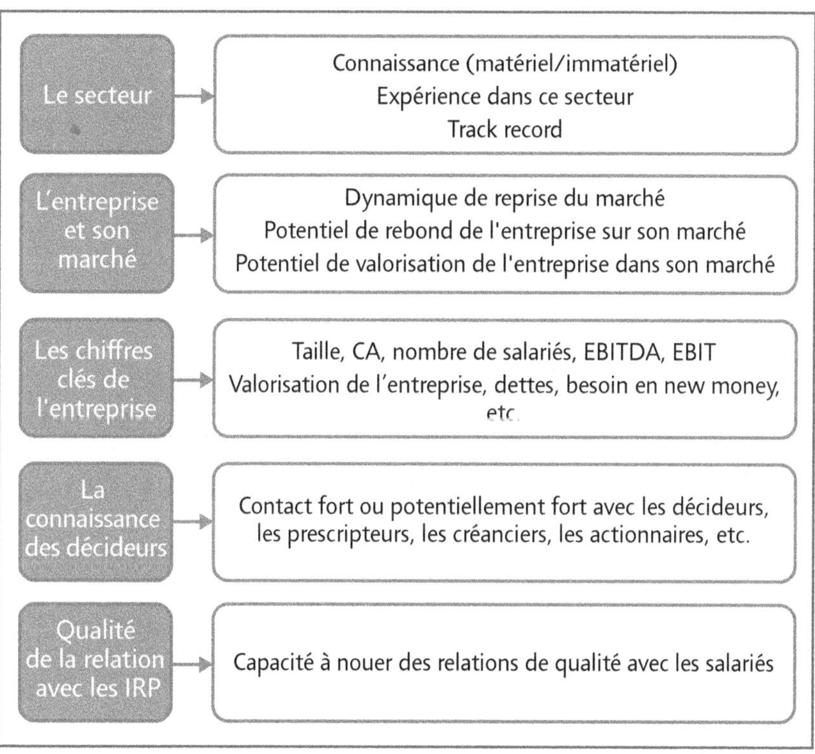

Figure 5-13 : Facteurs à prendre en compte
avant de reprendre une entreprise

Afin de reprendre une entreprise présentant un risque élevé, il est préférable de reprendre l'actif sans le passif; cela est bien évidemment plus simple dans le système judiciaire qu'en dehors. Cependant, reprendre une entreprise en phase de redressement judiciaire peut en dégrader l'image, sauf si l'on organise une communication à la hauteur de l'enjeu pour regagner la confiance des différents acteurs et surtout des clients.

Mais attention, la reprise de l'actif sans le passif est un «miroir aux alouettes» qui contient son lot de problèmes:

- une image ternie à relancer;
- un financement des investissements nécessaires au rebond;
- le financement du BFR dès le premier jour.

Il faut présenter un plan de reprise qui comportera au moins:

- le périmètre repris;
- les employés concernés par la reprise;
- le projet industriel;
- le financement du projet qui doit garantir le futur.

La tentation est grande de promettre beaucoup plus que ce qu'un plan lucide pourrait couvrir. En effet, un tribunal choisira le plan le mieux disant en termes d'emplois et qui serait supporté par les salariés. Souvent, le plan industriel n'est pas assez «challengé» et peut contenir trop de risques; au bout de quelques mois, la réalité rattrape l'entreprise qui ne peut plus tenir ses engagements.

> Les tribunaux devraient être plus vigilants sur la qualité industrielle des projets, les salariés plus lucides et les acquéreurs plus réalistes sur la faisabilité de leur plan.

CHAPITRE 6

UTILISER LES BONS LEVIERS

La boîte à outils des plans de redressement

Dans ce chapitre nous allons passer en revue une série d'outils utilisables dans toutes les situations qui nous intéressent dans ce livre, entre autres :

- les outils de gestion de projets et l'application des méthodologies de la gestion des risques ;
- les outils financiers spécifiques, la couverture des besoins en trésorerie, la chute de la valeur des actifs ;
- les règles de négociations spécifiques ;
- la communication interne et externe.

ADOPTER UN MODE GESTION DE PROJETS ET GESTION DES RISQUES

Gestion de projets : un outil indispensable en phase de crise

Aux positions extrêmes où l'entreprise en difficulté se trouve confrontée, correspondent des centaines de tâches à accomplir qui concernent tous les domaines de l'entreprise (social, finance, commercial, production, R&D...). Afin de clarifier les situations, il est nécessaire de mettre en place un suivi de ces tâches, qui va obliger à une certaine rigueur et à une certaine organisation.

Il ne s'agit pas de s'engager dans une organisation trop complexe, avec des procédures que beaucoup ne pourront pas intégrer, et de respecter des modèles (ISO, CMMI, Agile ou autres), mais de faire une utilisation simple, voire simpliste, de ces méthodes. L'application basique des techniques de gestion de projet est, dans ce cas, orientée davantage sur l'engagement de résultats que sur l'engagement de moyens et optimise la démarche.

Il s'agit alors d'adopter pour chaque tâche une organisation permettant de répondre aux questions simples suivantes : qui fait quoi ? Pour quand ? Comment ? Au niveau de l'entreprise, il faut alors se demander :

- Quelles tâches doivent être faites ?
- Par qui ?
- Avec quelles ressources ?
- Pour quelle date et suivant quel calendrier ?
- Avec quelle contrainte budgétaire ?

Suivant quel niveau de qualité?

Selon quels critères mesurables pour pouvoir terminer le projet dès que le niveau recherché est atteint?

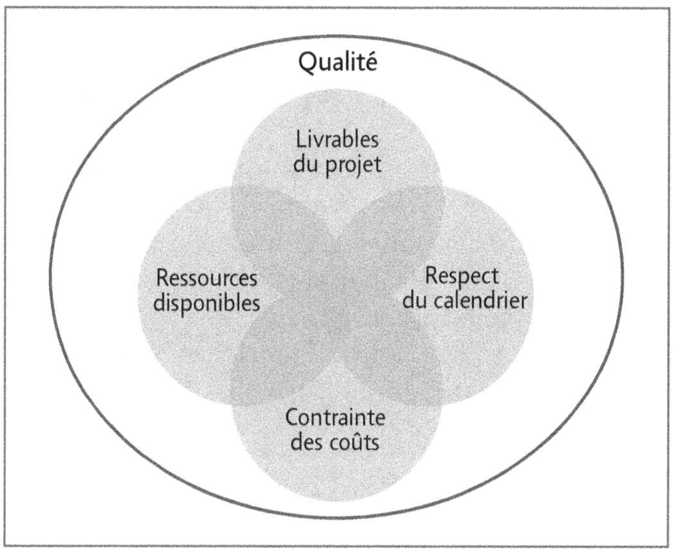

Figure 6-1 : Schéma du mode projet

Il est souvent recommandé d'adopter un simple tableau, suivi hebdomadairement lors de la réunion du comité de suivi des tâches de redressement de l'entreprise.

Gestion des risques : un cycle à connaître

À ces techniques de gestion de projets seront associées des techniques de gestion des risques. En effet, le nombre de tâches à suivre croissant souvent de façon exponentielle, il est nécessaire de traiter celles vraiment importantes dans cet environnement où se joue la survie de l'entreprise.

Un risque mal suivi et mal contrôlé peut se transformer en un problème ou se terminer par une crise. Par exemple, une mauvaise relation avec son pool bancaire (risque) peut évoluer, si elle n'est pas traitée, soit vers une grogne (problème), soit vers un rejet d'une demande de waiver pouvant précipiter l'entreprise en cessation des paiements (crise).

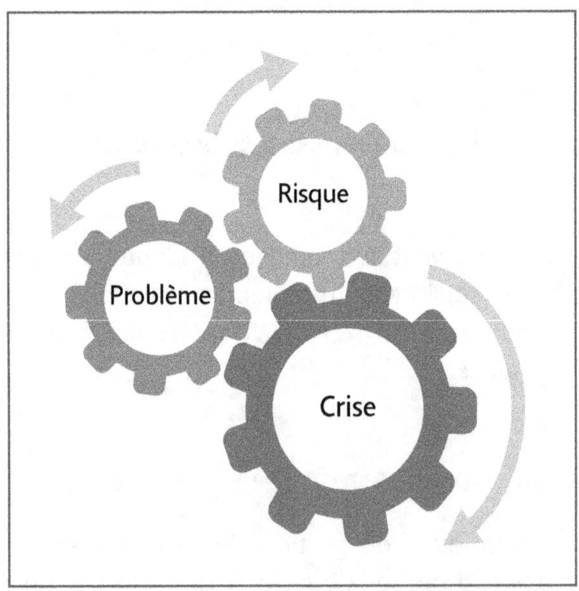

Figure 6-2 : Notion de risque-problème-crise

La maîtrise des risques suppose agilité et adaptation

Les risques peuvent être maîtrisés si l'entreprise garde les leviers pour agir. Dans ce contexte, l'essentiel est de savoir changer de cap, rapidement, tout en poursuivant son but. C'est possible, dès lors que le baromètre des décisions stratégiques et opérationnelles des dirigeants repose sur la maîtrise du risque, afin qu'une crise ne vienne pas tout figer. Or, dans ces phases de sauvetage, il existe de nombreux risques pouvant déboucher sur une crise.

La maîtrise effective des risques suppose la mise en place d'un processus de gestion des risques efficace en 4 étapes :

- identifier les risques avec les symptômes, les causes et les conséquences ;
- les mesurer et les hiérarchiser ;
- y répondre avec des plans de prévention (pour les éviter) ou d'actions (pour les traiter) ;
- suivre leur évolution en temps utile avec la constitution d'un comité de suivi, et mettre en place des tableaux de bord ainsi que des indicateurs de suivi.

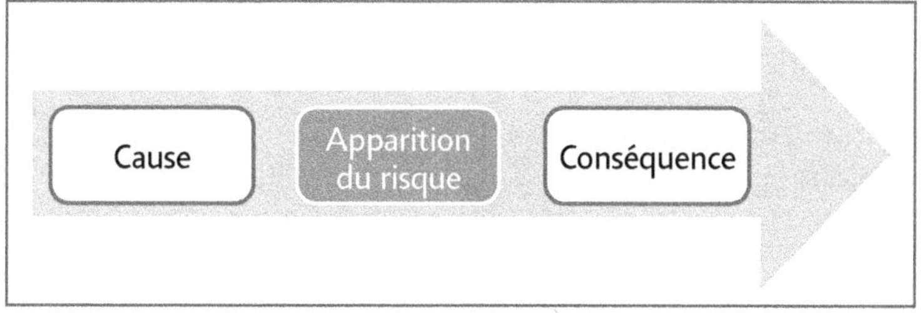

Figure 6-3 : Chronologie du risque

Une gestion différenciée selon la nature du risque

La gestion des risques s'adapte à la nature du risque. Selon les situations, elle peut alors être défensive ou offensive :

- La posture défensive consiste à éviter que des risques contournables évoluent en problèmes et se transforment en crises. En cas de risque de trésorerie par exemple, une action en amont sera entreprise pour que ce risque s'éteigne et n'engendre pas de problème de trésorerie.

- La posture offensive consiste à traiter un risque connu qui va advenir de façon certaine et évoluer en problème. En cas de crise du marché sur lequel l'entreprise est positionnée, par exemple, l'action de cette entreprise ne pourra empêcher la crise d'arriver.

Seuls des plans de prévention conjugués à des plans d'actions au stade d'une crise permettent de résoudre les risques connus par avance. Ils consistent en la mise en place d'un scénario et de check-lists d'actions pour réagir à l'arrivée de la crise.

La gestion des risques : un état d'esprit à cultiver

La gestion des risques est un état d'esprit, une culture d'entreprise.

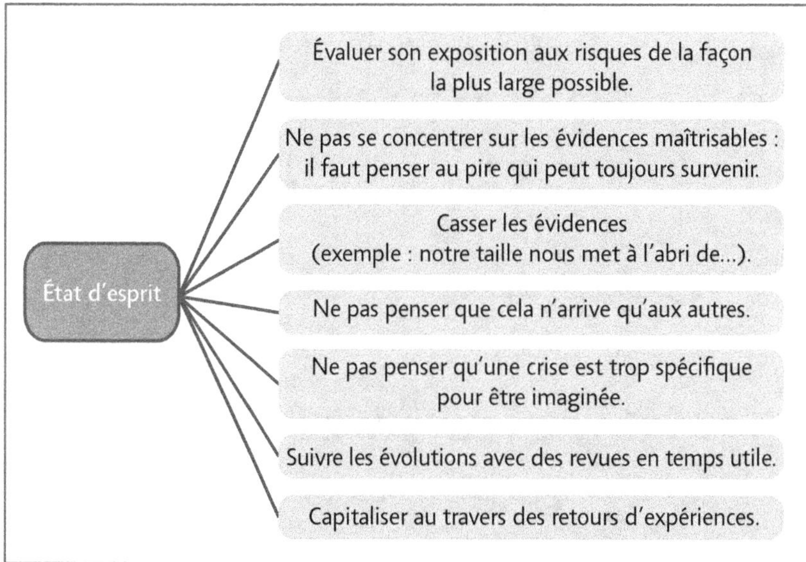

Figure 6-4 : État d'esprit nécessaire
pour une gestion des risques optimale

Une fois cet état d'esprit et cette culture adoptés, alors on va s'intéresser à tous les pans de l'entreprise.

La segmentation utile dépend du secteur. Voici une proposition de segmentation ou de types de causes : politique, économique, sociale et humaine, éthique, légale, stratégique, marketing et commerciale, information, gestion de projet...

Puis on reportera, après analyse, les risques sur une matrice pour choisir ceux à suivre.

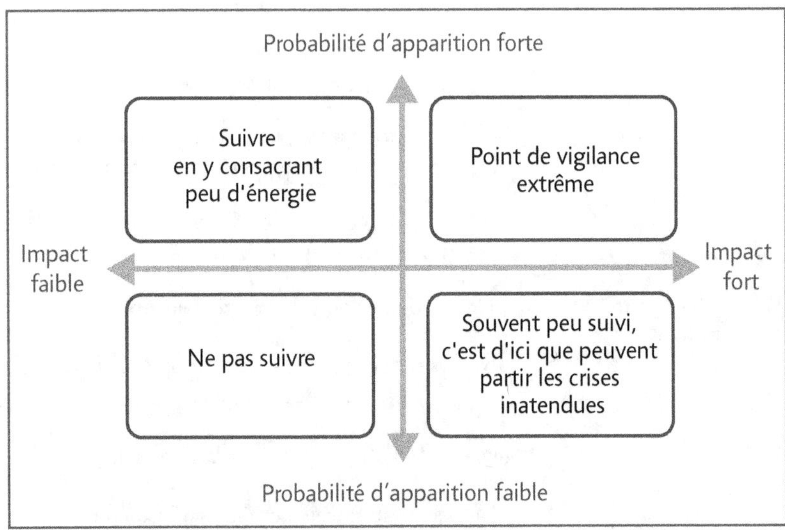

Figure 6-5 : Suivi des risques

Nous recommandons de suivre chaque semaine l'évolution des vingt risques à plus forte criticité, et en particulier ceux qui pourraient évoluer fortement. Vingt est le bon chiffre pour focaliser correctement l'attention de l'équipe sur les sujets les plus importants.

LE REPOSITIONNEMENT STRATÉGIQUE

Une stratégie, cela se choisit et l'entreprise s'y tient. Mais, si nécessaire, cela se remet également en cause, et aux bons moments.

Il est impossible pour une entreprise d'opérer un retournement durable sans passer par une phase de repositionnement stratégique. Et ce retournement durable passe par une bonne connaissance de son environnement, soit :

- Son milieu extérieur : l'environnement politique, réglementaire, l'économie régionale des implantations géographiques, les tendances à long terme de l'industrie concernée.
- L'état de la concurrence : l'offre, les prix pratiqués, le positionnement client, la différence majeure concurrentielle (technologique, prix, services)...

Pour ce faire, il est communément admis d'utiliser certains outils, dont la matrice SWOT[1].

Une analyse lucide permet de bâtir une stratégie, l'intuition reste un critère, en évitant les compromis fondés sur la confrontation des points de vue de chacun. La décision stratégique peut se faire en faisant confiance à son intuition, mais elle doit surtout se faire de façon éclairée.

---

1. *Cf.* chapitre 5.

Étudier le repositionnement stratégique
dès les premiers jours du redressement

Dans cette société leader de la construction immobilière, les conséquences de la crise récente des subprimes n'avaient pas encore été intégrées. Au-delà du plan de sauvetage fondé sur des actions concrètes concernant la difficulté courante de trésorerie extrêmement tendue, nous avons aussi travaillé sur les leviers pour rétablir un équilibre d'exploitation fortement malmené.

Nous avons étudié une matrice SWOT à partir des interviews et d'autres techniques pour aboutir à la conclusion que le marché se retournait : une chute d'activité de l'entreprise, de l'ordre de 35 %, était à prévoir. Globalement, il fallait tendre à plus d'efficacité par une baisse des coûts, une réduction des délais de chantier, une transformation commerciale...

Un an plus tard, si la chute d'activité accusait une baisse légèrement supérieure à 35 %, elle avait pu néanmoins être anticipée et digérée. L'amélioration de l'efficacité globale avait permis de reconstituer des marges et d'obtenir ainsi un premier mois d'exploitation positif. Un investisseur avait pu alors entrer au capital en injectant des dizaines de millions d'euros dans une opération qui allait vite se révéler rentable.

Depuis lors, dès le début de chaque mission, j'insiste pour travailler sur le positionnement stratégique même si les résultats attendus sont à un horizon supérieur à un an.

CONTOURNER LA MANIFESTATION DES RÉSISTANCES AU CHANGEMENT

Dans toutes les situations de mutations où des décisions de changement sont nécessaires, des freins vont toujours émerger. Le facteur humain est bien sûr le frein le plus important.

> Quelle que soit la taille de l'entreprise, de la PME à la multinationale, les résistances au changement sont inévitables.

L'entreprise sera en mesure de triompher des résistances au changement propres à toute organisation, en mettant en place, le plus tôt possible, les structures et les processus qui vont l'inscrire dans cette logique dynamique de changement.

Le changement : mode d'emploi

Même dans les cas où l'on est convaincu de l'absolue nécessité de changer quelque chose chez soi pour évoluer positivement, ce changement va se révéler difficile. Alors combien plus au niveau de l'entreprise ! Et pour ceux qui s'y sont déjà confrontés, rappelez-vous la discipline qu'il vous a fallu pour vous tenir à un planning hebdomadaire... ou comment refuser de répondre à des sollicitations qui ne sont pas importantes mais semblent urgentes à d'autres personnes.

En se remémorant la difficulté que l'on a eue au moment de ces changements « simples mais qui ne le sont pas », on peut alors mesurer la distance à parcourir par une organisation qui doit changer de cap et imposer celui-ci à tous les étages de l'entreprise.

On le sait, le changement est souvent ressenti par l'ensemble des acteurs comme étant un moment «subi», tel un événement qui remet en cause un état de stabilité établi; bien que l'état ancien ne soit pas optimal, il est perçu, de par sa stabilité, comme un état rassurant.

Et, de ce fait, un changement apporte toujours son lot de questions:

- Au niveau de l'individu: «Quelle va être ma place dans la nouvelle organisation?»

- Au niveau du groupe: «Serons-nous reconnus, et à quel rang, dans la nouvelle entité?»

- Au niveau de l'entreprise: «On sait ce que l'on quitte mais on ne sait pas encore ce que l'on aura à l'arrivée.»

Alors, faire accepter le changement prend tellement de temps qu'il est, encore une fois, nécessaire de l'anticiper et de ne pas attendre le dernier moment pour changer, au risque d'une fracture sociale importante.

Se confronter au risque du changement avant qu'il ne soit impératif, permet de réduire les risques qui en sont issus.

Pour un processus de changement optimal

Pour réussir à vaincre ces résistances, il faut mener des chantiers de gestion du changement. Les facteurs communs identifiés pour une action réussie de gestion du changement sont les suivants:

- Faire comprendre la raison profonde du changement rendu nécessaire à ce moment de la vie de l'entreprise : la vision du futur de l'entreprise doit être partagée entre tous.

- Faire comprendre que si ce changement est bon pour l'entreprise, il l'est également pour chacun des collaborateurs.

- Accompagner le salarié dans le changement afin de limiter l'anxiété naturelle qui ne manque pas d'apparaître, ne serait-ce qu'en termes de compétences pour assumer de nouvelles fonctions. Et en conséquence, mettre en place un programme d'accompagnement et de formation.

- Communiquer sur les différentes étapes du processus de gestion du changement.

- Faire participer chacun à la mise en œuvre.

Nous allons étudier ci-après les étapes à parcourir pour que ce processus aboutisse à une réussite.

Le cycle vertueux : comprendre, adhérer, agir

Le cycle vertueux déroule en parallèle les actions visant à comprendre, à adhérer et à agir.

Nous pouvons très bien comprendre l'absolue nécessité de changer quelque chose sans pour autant adhérer à la démarche. Ainsi pouvons-nous penser qu'elle ne nous concerne pas ou bien qu'il y a une autre option que le changement, ou tout simplement préférons-nous retarder la démarche et laisser le soin à nos successeurs de gérer le problème de changement.

Il faut accepter d'agir pour faire changer les choses. Souvent la posture classique est : «Moi je fais tout bien et c'est aux autres de changer» car, quelque part, changer c'est parfois reconnaître qu'il y avait quelque chose qui ne marchait pas bien. Et l'on n'apprécie jamais de se remettre en cause. Le cycle vertueux doit faire oublier la vanité !

➕ Souvent les initiateurs du changement vont, à leur insu, développer une forme de résistance. Ce point échappe à beaucoup d'observateurs.

Comprendre	Adhérer	Agir
▸ Diffusion de l'information organisée généralement de haut en bas. ▸ Séminaires, conférences, efforts de communication contribuent de façon positive à la réussite de cette étape.	▸ Envisager une structure diffusant l'information dans toute la société *via* des comités locaux, avec des volontaires. ▸ Aboutir rapidement à des actions gagnantes et visibles de tous.	▸ Casse-tête de la structuration d'une entreprise. ▸ Contourner les manifestations des freins aux changements. ▸ Chacun doit agir à son niveau.

Figure 6-6 : Cycle vertueux

Anticiper l'impact du changement au niveau de l'organisation des tâches

La bureaucratie d'une structure peut se décliner suivant trois axes ; la spécialisation, la coordination et la formalisation.

Une entreprise peut mettre l'accent sur une grande spécialisation des tâches affectées, la coordination pouvant échoir à chacun dans une démarche proactive et sans formalisation trop poussée. À l'inverse, une entreprise très bureaucratique pourra privilégier la formalisation des processus, afin de bien définir les mécanismes de coordination au détriment de l'auto-organisation.

Un piège assez classique guette le gestionnaire du changement, et conduit inéluctablement à une bureaucratisation montante. En effet, la réaction habituelle du frein au changement consiste pour les individus concernés à réclamer une plus grande clarification des processus. La direction va alors y répondre en multipliant les notes d'organisation ; ce qui a pour résultat le développement de la formalisation au détriment de l'autoresponsabilité.

Le gestionnaire du changement doit maintenir, en permanence, un équilibre subtil entre une formalisation minimale nécessaire et le renvoi des collaborateurs à leurs propres responsabilités. La nouvelle organisation et la nouvelle structure ne doivent pas aboutir à une déresponsabilisation des individus. Mais souvent, c'est la forme passive de résistance aux changements qui prime : «On change mon périmètre, on change la structure, on ne me dit pas tout donc j'attends que l'on formalise ; et lorsque la formalisation arrive, alors je dénonce la bureaucratisation de la structure.»

Mettre en place un baromètre de mesure de la gestion du changement

Mesurer l'évolution dans le temps des trois critères du processus de changement – compréhension, adhésion, action – permet d'être au contact avec la réalité des choses et des individus. Des unités peuvent adhérer et d'autres non. Des sites peuvent agir et d'autres non. Une personne peut avoir compris, adhéré et agi, et par la suite, changer sa position, en particulier après avoir mesuré les conséquences du changement pour elle-même. De ce fait, elle développera une posture de retrait et se désengagera de l'adhésion. Il peut donc y avoir un retour en arrière sur l'un des trois critères. Seul un baromètre de mesure de la gestion du changement appréhendera cette réalité dans le temps.

Les techniques de mesure sont assez efficaces. Elles consistent en des interviews, couplées à des enquêtes. Il peut être décidé d'organiser des rencontres avec des interviewés en face à face pour une partie du panel, et avoir un retour qualitatif avec une perception différente des individus de l'autre partie du panel questionnée par voie électronique. En effet, procéder à une enquête informatique par e-mail donne un retour plus quantitatif. Recouper les deux retours confère une plus forte valeur aux analyses de l'enquête.

…/…

les marchés internationaux, il lui fallait diminuer ses coûts de production. Quel challenge ! Ce groupe national avait accepté de se mettre au risque du changement bien avant l'entrée en difficulté, car le carnet de commandes était plein au moment du lancement du programme de transformation.

En quelques mois, nous avions pu mesurer à quel point la compréhension de la nécessité du changement était acquise dans l'ensemble de l'entreprise. L'adhésion, pourtant très difficile au début, avec des critiques sur le timing, sur la méthodologie… avait évolué positivement dans le temps grâce à un processus interne de descente de l'information et de formation, le tout rythmé par des grands-messes. Mais alors que la vision et les axes stratégiques emportaient l'adhésion quasi générale, le programme de gestion du changement était rejeté, car insuffisamment approprié dans sa mise en œuvre et dans ses priorités. Une volonté de réussir était pourtant bien présente, mais au niveau individuel. Chacun, de la direction au management intermédiaire, en passant par les syndicats, pensait faire le maximum et critiquait ses collaborateurs trouvant qu'ils devaient en faire plus. Le programme de changement allait ainsi à l'encontre des objectifs affichés de responsabilisation, en plaçant les uns et les autres en position d'attente. En support, pourtant, une armée de consultants était présente concentrée sur les moyens du programme mais pas sur la finalité ; il n'y avait pas de responsabilisation sur les résultats.

Quant au top management, il n'évoluait que pour partie et très lentement. De plus, certains de ses membres étaient en opposition forte, bien alignés sur le discours, mais moins sur la façon d'entreprendre le changement !

…/…

.../...

Dans le même temps, les syndicats étaient tenus éloignés, notamment par les patrons de site qui n'étaient pas à l'aise dans la gestion des partenaires sociaux sur le terrain.

Il m'est alors apparu que le comité de direction du groupe était composé de personnes qui seraient toutes à la retraite le jour où le plan de transformation serait terminé. Elles ne se l'avouaient pas et ne l'auraient jamais reconnu, mais chacune d'entre elles aspirait à terminer son mandat avec le moins de changement possible. Le principal frein aux changements était donc au plus haut niveau de l'entreprise ! Comment, dans ce cas, réussir le changement si le sommet de la hiérarchie ne fait pas le maximum pour changer collectivement ?

En conclusion, le groupe est en situation de retournement sans oser se l'avouer. L'équipe de direction est dans le déni, ou tout du moins l'attentisme prudent. Qui bougera vraiment le premier ? Qui osera se mettre en danger ? Nous sommes donc dans une « crise molle ».

Ma recommandation est qu'en tant que conseil, il ne faut pas hésiter à aller jusqu'à la rupture avec son client pour faire passer le message. L'enjeu social est important.

OPTIMISER LA CHAÎNE DE MANAGEMENT ET LA GOUVERNANCE

Dans les situations de crise, des questions se posent toujours sur le maintien du dirigeant et de l'équipe de management. Faut-il changer le management ? Quelle est sa responsabilité dans la survenance de la situation actuelle? Est-il à la hauteur des enjeux futurs: le réalignement stratégique, la mise en œuvre opérationnelle du plan? La réponse à ces questions est immédiatement fournie par l'analyse du contexte et de l'environnement.

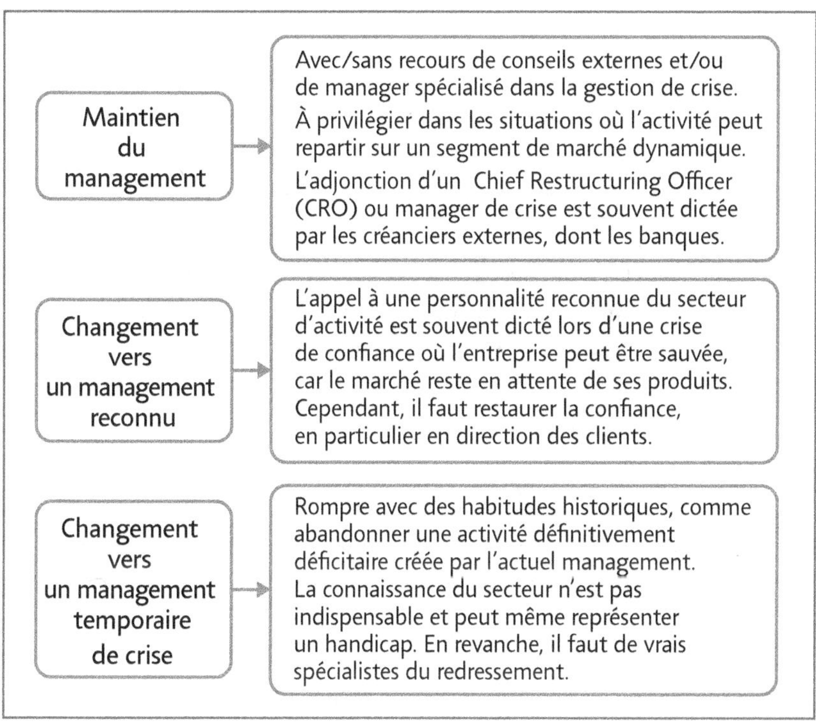

Figure 6-7: Solutions pour optimiser la chaîne de management

Le maintien du management existant doit être privilégié car celui-ci a une longueur d'avance sur un nouveau management, excepté bien sûr dans le cas où il est confirmé n'être plus à la hauteur de la mission telle une posture de déni paralysant l'entreprise.

Une attention particulière doit être portée sur les qualités du manager de l'entreprise en difficulté. Quatre

domaines de compétences sont à pointer pour déterminer ses capacités à diriger en situation de crise :

- Information : est-il bien informé ? Lui remonte-t-on une information fiable ? Est-il au courant de ce qui se passe à l'intérieur de son entreprise ? Et à l'extérieur, est-il au fait de ce qui se passe sur son marché ?
- Analyse : analyse-t-il correctement la situation ? Est-il capable de revoir la stratégie en place ?
- Implication : est-il bien impliqué dans la vie de l'entreprise pour mettre en place un nouveau plan ?
- Leadership : bénéficie-t-il d'un minimum de «leadership» pour entraîner les personnes adéquates et, plus largement, l'ensemble des collaborateurs dans une démarche de sauvetage ? Saura-t-il faire partager sa vision de l'entreprise ?

Les traits caractéristiques du management sont aussi à prendre en compte pour déterminer son aptitude à mener l'entreprise en difficulté. On peut ainsi dresser une liste des manières d'être et de faire de ces managers :

- Ceux qui font : réfléchissent, prennent les décisions et agissent à court terme par eux-mêmes.
- Ceux qui contrôlent le travail effectué.
- Ceux qui, stratèges, planifient sur le long terme.
- Ceux qui organisent le travail entre les ressources pour faire faire.

Il est clair qu'un bon manager doit avoir les quatre caractéristiques précédentes, mais un bon manager de crise doit surtout avoir le premier attribut bien développé.

Attention, à la recherche du manager de crise, il ne faut pas se tromper dans le choix : un manager ayant réussi à faire croître une activité qui n'était pas en difficulté n'est peut-être pas le bon pour réussir la transformation d'une activité en difficulté.

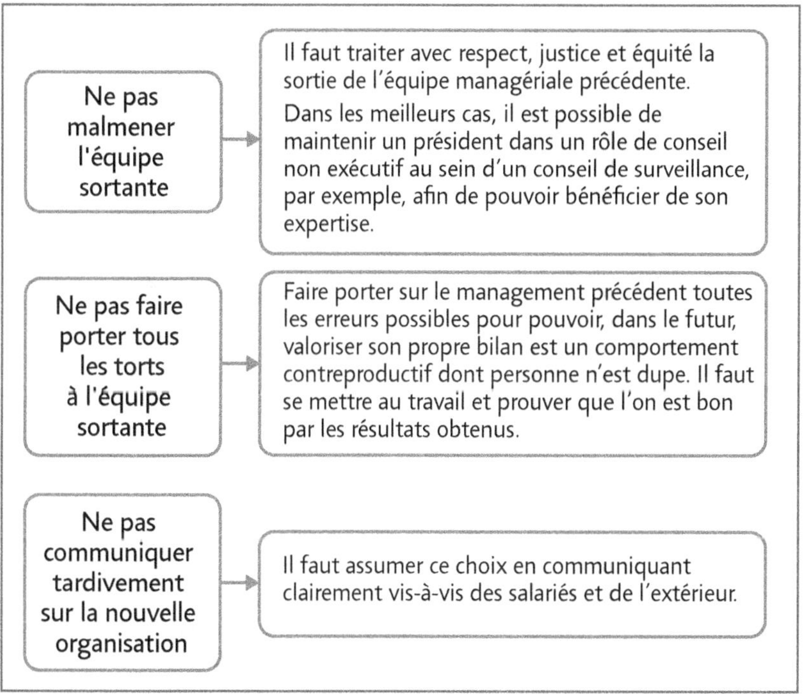

Figure 6-8 : La bonne attitude évitant les risques classiques à l'arrivée d'un nouveau management

Enfin, un manager seul ne suffit pas ; il convient d'organiser une vraie équipe solidaire, pour opérer le retournement. Pour ce faire, une revue de l'ensemble des postes clés est nécessaire.

LA RESTRUCTURATION FINANCIÈRE

Nous l'avons compris, dans un tel contexte, un plan de restructuration doit être financé. Il est illusoire de penser que parce que l'on est en difficulté les coûts afférents ne seront pas importants. Il faudra trouver l'argent nécessaire pour se restructurer et financer différents postes.

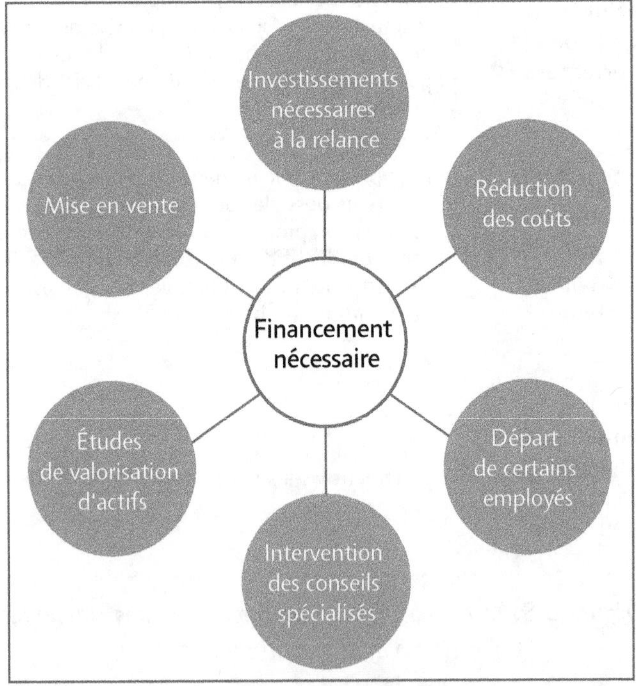

Figure 6-9 : Évaluation des financements nécessaires à une restructuration

Même si la pratique en est communément admise, faire appel uniquement à des intervenants, conseils spécialisés, qui vont se rémunérer aux résultats, présente deux inconvénients :

> - un interventionnisme fort de ces conseils, qui, à juste titre, partagent quasiment un risque de niveau actionnarial. Il est plus sain de prévoir une rémunération fixe et une rémunération variable établie sur le succès de l'opération ;
> - une incertitude sur la qualité desdits intervenants.

Règles financières à respecter

Impact du financement sur les difficultés des entreprises

Le mode de financement d'une entreprise peut, dans certains cas, causer ou accroître ses difficultés.

Rappelons ici les règles basiques que tout bon gestionnaire doit avoir à l'esprit et savoir appliquer :

> - les ressources permanentes (capitaux propres et les dettes à moyen ou long terme) doivent couvrir les besoins permanents (les investissements, le BFR) ;
> - les fonds propres doivent couvrir les crédits à long et moyen terme ;
> - le fonds de roulement doit être supérieur au BFR ;
> - les variations ponctuelles de trésorerie doivent être couvertes par des lignes de crédit à court terme.

On constate souvent que les chefs d'entreprise en difficulté ne respectent pas, et parfois même ne comprennent pas, ces quelques règles simples. Et pourtant, chacun de leurs actes de gestion a un impact sur l'activité de l'entreprise, dont il faut mesurer les conséquences. Par exemple, une décision va impacter positivement le BFR en cas de diminution de délais de paiement clients, et négativement en cas de l'accroissement d'un stock non nécessaire.

> Les flux de cash n'ont pas tous la même « teneur » : les besoins à long terme doivent être couverts par des ressources mobilisées sur le long terme. Il en est de même pour les besoins à court terme, à financer par des ressources de court terme.

Sortir de ces schémas amène le management à entrer dans une forme de « cavalerie ». Et inéluctablement, le futur de l'activité, qui doit supporter un poids toujours plus lourd des dettes contractées, est compromis. En conséquence, l'activité doit toujours être en croissance afin de couvrir les dettes et rentabiliser les investissements.

Les partenaires bancaires se sont tardivement rendu compte des dérives du système, en particulier poussés par la crise et par les nouvelles réglementations Bâle 2 et 3... Après avoir, dans les années 2000, laissé s'envoler le taux d'endettement des entreprises au-delà de la limite raisonnable de 100 % des fonds propres, en misant sur une croissance permanente des activités, aujourd'hui, les banques sont contraintes de revenir petit à petit au respect des règles basiques. Cependant, ce retour à plus d'orthodoxie fait passer les entreprises par une période de transition forcée, les obligeant à reconstituer leurs fonds propres et à rééquilibrer leur bilan sur fond de crise économique.

Choix de la bonne maturité d'une dette

Une société, leader européen sur son marché, avait pour stratégie d'être propriétaire des murs de chacune de ses implantations régionales. Cette stratégie était parfaitement fondée, car l'entreprise verrouillait ainsi l'accès à certains sites exploités *via* des délégations de service public[1] (DSP). L'entreprise réalisait un CA net de l'ordre de 500 M€ pour un EBITDA supérieur à 100 M€. La dette, en particulier liée au financement d'acquisitions et au financement d'implantations, était de l'ordre de 400 M€. Cette dette de 4 fois l'EBITDA, qui violait la règle selon laquelle il doit y avoir équilibre entre la durée d'utilisation et la durée du prêt, ne devait pas poser de problème tant que l'entreprise était en croissance.

Mais suite à un événement exogène non maîtrisable par l'entreprise sous la forme d'un changement de réglementation, le CA et l'EBITDA ont chuté, mettant la société dans une position où elle ne pouvait plus honorer la charge de la dette. S'en est suivie une restructuration financière.

Dans ce cas, il est intéressant de constater que la dette ayant servi à financer les acquisitions pouvait certes être remboursée par l'EBITDA généré, mais ne respectait pas la règle énoncée plus haut. En effet, la maturité de la dette, de l'ordre de cinq années, était beaucoup trop courte pour des financements d'acquisition. Ainsi, après le changement de réglementation, de chutes de CA et d'EBITDA, on se retrouvait face à des échéances de dette trop lourdes.

.../...

---

1. Délégation de service public : en droit français, c'est un contrat par lequel une personne morale de droit public confie la gestion d'un service public dont elle a la responsabilité à un délégataire privé dont la rémunération est liée au résultat d'exploitation du service.

Il aurait suffi initialement d'adapter la maturité de la dette à son usage à long terme. Tous les acteurs, y compris les banquiers, en ignorant qu'un retournement de conjoncture était toujours possible, ont positionné l'entreprise dans une configuration hasardeuse.

La crise de liquidité : comment trouver du financement à court terme ?

L'alerte de trésorerie

Quelle que soit son origine, souvent, mais pas uniquement, la crise commence par une alerte immédiate ou à venir sur la trésorerie de l'entreprise. Ces difficultés de trésorerie se manifestent de diverses manières et à l'occasion de certains événements :

- le règlement de la prochaine paie ;
- le règlement d'une échéance d'un plan de remboursement d'emprunt ;
- la dénonciation par la banque de lignes à court terme ;
- la dénonciation des couvertures des assureurs ou des assureurs crédits ;
- la perte de confiance des fournisseurs qui demandent un paiement à la livraison ;
- la perte de confiance des clients qui ne commandent plus et font chuter les entrées de cash ;
- le financement des investissements courants.

Lorsque l'entreprise risque d'être en difficulté, il faut souvent diversifier les sources de cash pour couvrir les besoins à court terme.

Les sources possibles de cash à court terme

Contrairement à ce que l'on peut penser, des solutions existent si l'on sait faire preuve de créativité.

Utilisation de crédit-bail mobilier	Pour financer l'acquisition de biens immobiliers à 100 %. Cela permet d'envisager des investissements qu'il serait difficile de financer sur fonds propres. De nombreux acteurs proposent ce type d'offres, il présente l'avantage de conserver la propriété au bailleur tant que l'entreprise utilisatrice n'a pas terminé de rembourser les échéances du « leasing ».
Affacturage, escompte, Dailly sur des clients de qualité	Cela permet de réduire le BFR, en particulier si l'on dispose de clients de qualité dont la facture acceptée sera payée avant l'échéance par une banque. Pour les entreprises d'une taille intermédiaire (dépassant les 100 M€) et qui disposent d'un encours client conséquent, alors des montages de titrisation peuvent être envisagés pour financer et couvrir cet encours.
Prêt sur gage d'une partie du stock	Pour les entreprises qui fonctionnent sur stock, des sociétés spécialisées peuvent proposer de prêter jusqu'à 50 %, voire plus, de la valeur du stock permanent. La valorisation de ce stock doit pouvoir être suivie régulièrement afin d'estimer le montant apporté par l'organisme de financement. Bien sûr, il n'est pas question d'immobiliser le stock existant mais de garantir au prêteur que le stock résiduel vaut de l'ordre de deux fois le montant prêté. Le processus est suivi informatiquement. ../..

.../...

Opération d'externalisation d'un actif immobilier «*sale & lease-back*»	Pour l'entreprise qui dispose d'un actif immobilier en propre, elle peut le vendre tout en restant locataire. Mais cela n'est possible que si elle dispose d'un actif qui pourrait, pour la même valeur locative, trouver un autre locataire au même prix de marché pour une activité équivalente ou bien une autre destination que celle de l'entreprise, mais avec le même loyer. Cela n'est pas toujours le cas. En effet, souvent seule l'entreprise propriétaire des murs peut rester dans ces mêmes murs pour un loyer conséquent. Par exemple, si le local est dédié à une activité très spécifique comme une discothèque en sous-sol insonorisé, l'acquéreur doit estimer le risque d'une relocation au même niveau de loyer en cas de défaillance de l'entreprise installée dans ces murs. Dans cet exemple quel magasin peut venir s'installer dans un sous-sol insonorisé et payer un prix au même niveau de loyer que le précédent ?
Négocier un allongement du crédit fournisseur	Négocier avec ses fournisseurs habituels un allongement du délai de règlement. Il faut pouvoir et savoir tenir ses engagements au risque de détériorer la relation. Si la relation avec les fournisseurs a toujours été gérée sainement en tenant ses engagements, alors il sera plus facile de trouver un accord. Cela peut améliorer significativement le BFR.

Figure 6-10 : Moyens permettant la diversification des sources de cash

Le suivi de la trésorerie et du BFR

La crise de liquidité est ainsi souvent synonyme d'entreprise en difficulté. Ce n'est pourtant là que l'un des symptômes ; une entreprise peut être en difficulté sérieuse avant même que les problèmes de liquidité n'apparaissent. C'est en particulier le cas des entreprises qui fonctionnent avec un BFR négatif ; par exemple, celles qui encaissent immédiatement les entrées clients et qui paient leurs fournisseurs à soixante jours et sans besoin de stock. Dans cette situation, l'entreprise dispose d'un matelas de cash confortable ; si jamais il disparaît trop vite, alors il est souvent trop tard pour agir.

> Le suivi de la trésorerie et du BFR est indispensable en situation normale, mais il devient critique en situation tendue. Pour ce faire, un plan financier, à six ou huit semaines, plus un plan moins détaillé, à quelques mois, seront établis.

Il convient d'avoir le scénario respectant les engagements pris avec les clients et les fournisseurs, entre autres, et un scénario plus travaillé tenant compte des accords exceptionnels qui pourront être obtenus dans cette situation :

- étalement d'une partie du passif public ;
- allongement des délais de règlement fournisseurs ;
- accélération des entrées clients ;
- réduction du stock ;
- ...

Cela impose un travail rapproché entre le directeur financier et le trésorier, ainsi que les opérationnels qui vont indiquer l'impact sur les clients ou les fournisseurs de telle ou telle décision.

En outre, la communication en interne et en externe doit être discutée et maîtrisée.

Il n'y a rien de pire qu'une entreprise en difficulté qui ne communique plus avec l'extérieur, ce qui laisse libre cours à toutes les spéculations.

Les acteurs internes doivent être mobilisés à leurs niveaux respectifs pour, d'une part, accélérer les entrées de cash par des discussions avec les clients et, d'autre part, ralentir les sorties de cash par des discussions avec les fournisseurs.

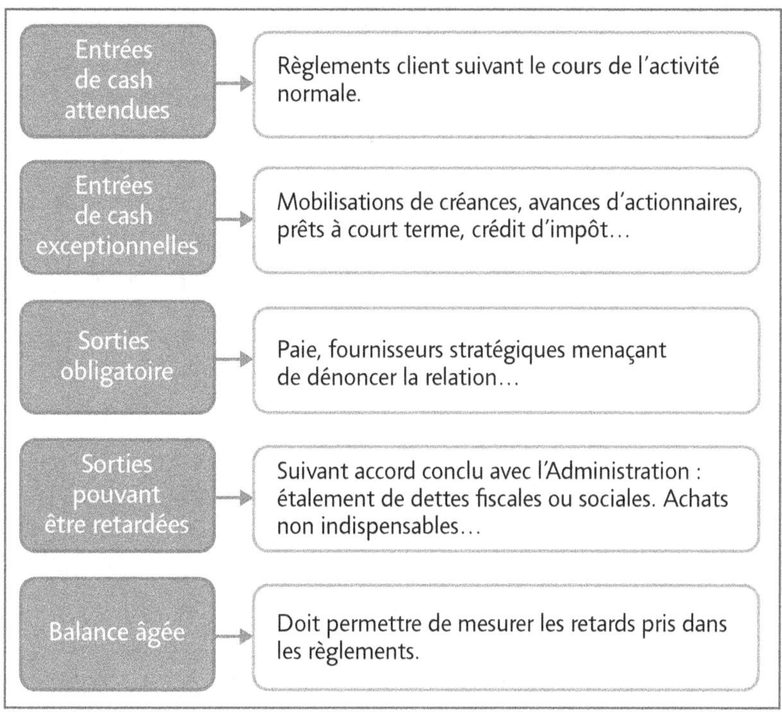

Figure 6-11 : Les différentes catégories de flux de trésorerie

Dans le cas d'une entreprise disposant de filiales ou d'unités indépendantes, un travail de préparation de données indispensables à remonter doit être mené. En effet, souvent les entités opérationnelles distantes du siège qui sont confrontées en première ligne aux difficultés nouvelles ne perçoivent pas suffisamment tôt la criticité de la situation. Ces entités peuvent alors être tentées de préserver la relation commerciale avec les clients et les fournisseurs au détriment de la gestion optimale du cash, en espérant que le siège puisse couvrir le besoin de trésorerie. Il faut prendre le temps, en début de processus, de les informer sur l'utilisation de l'outil de prévision de trésorerie, et insister sur les informations nécessaires et les actions à mener en indiquant, par exemple, que les fournisseurs doivent être payés à quarante-cinq jours. C'est un fait acquis facilement modélisable. Ce qui l'est moins, c'est une situation qui se dégrade avec un fournisseur stratégique demandant des garanties, ou bien un accord avec un fournisseur historique qui accepte de patienter plus de soixante jours pour voir sa créance réglée.

> La communication entre le siège et les filiales sur les actions et la remontée des informations autour de la gestion de trésorerie doit être anticipée.

Tout ce travail aura pour finalité d'anticiper le besoin de cash au travers d'un plan de trésorerie. Tous les acteurs entourant l'entreprise demandent un prévisionnel de trésorerie détaillée. C'est le baromètre indispensable pour mesurer l'évolution de la survie de l'entreprise.

MAXIMISER LA CESSION DES ACTIFS

La valeur des actifs d'une entreprise en difficulté se décorrèle du marché

Une entreprise en difficulté voit sa valeur, mais également la valeur de certains de ces actifs, chuter. Il est déjà très difficile pour un dirigeant de voir la valeur de son entreprise chuter lorsque celle-ci est en crise, mais il est encore plus difficile pour lui de voir la valeur d'actifs, parfois immobiliers, s'effondrer et quelquefois se décorréler de leur valeur de marché.

Prenons l'exemple d'une entreprise propriétaire d'actifs immobiliers dont la valeur sur le marché chute en quelques mois. Plusieurs explications sont alors possibles :

> L'entreprise évolue dans un marché globalement sinistré, et constate qu'au-delà de ses propres difficultés ce marché affecte la valeur de ses actifs.

> La baisse d'activité peut directement ou indirectement affecter la valeur des actifs, par exemple si un loyer est perçu par une SCI en provenance d'une société d'exploitation qui va mal.

> Les acquéreurs ne sont plus les mêmes. Les acteurs qui s'intéressent aux actifs d'une société en difficulté agissent rapidement et sont rodés aux processus rapides mis en place. Ils prennent un risque et valorisent donc moins. Les autres acteurs, même s'ils ont le temps, n'entrent pas naturellement dans la course. En effet, ces acteurs fuient les situations difficiles. D'une part, ils ne veulent pas associer leur nom à une situation compliquée et pensent ne pas avoir le temps nécessaire d'une étude. D'autre part, en cas d'accélération des difficultés, il persiste un risque que la cession d'actifs en phase dite «suspecte» soit retoquée par un tribunal si la société se retrouve en redressement judiciaire.

En conclusion, la dévalorisation de ces actifs dans le bilan ne fait qu'accroître les difficultés de cette entreprise en détériorant encore plus le bilan.

Il s'agit là d'une tendance de fond dans ces situations. Bien entendu, il peut exister des exceptions comme la vente d'un stock de matières premières sur un marché haussier.

Comment maximiser la cession

La cession des actifs, voire de la totalité de l'entreprise, est l'un des scénarios qui ne manque pas d'émerger dans certains cas.

> L'attitude du management, voire des actionnaires, est absolument déterminante dans la maximisation de la valeur de cession des actifs.

Souvent, le manager a à l'esprit une valeur d'entreprise ou une valeur d'actif qui est fondée :

- sur une proposition qui lui a été faite au moment où la société allait bien ;
- sur des cessions comparables dans le même secteur d'activité ;
- sur le coût de revient de l'actif à céder.

Il lui est toujours très difficile de faire abstraction de ces éléments et pourtant c'est indispensable pour arriver à prendre une bonne décision en matière de cession.

Seules les réponses aux questions que l'acquéreur va se poser fourniront la bonne évaluation de l'actif à céder :

- Aurai-je le temps nécessaire pour faire des diligences ?
- Est-ce l'évolution de l'environnement qui a mis cette entreprise dans une phase de difficulté et quel est l'impact sur l'actif à acheter ?
- Quel est l'impact sur la valeur de l'actif en cas de défaillance possible de l'entreprise qui cède ?
- Faut-il payer aujourd'hui plus cher ce qui pourra

être acheté demain moins cher à la barre du tribunal? Et surtout libéré de toutes les dettes dans ce dernier cas?

- Quels seront les coûts de restructuration (fermeture de sites, abandon d'activités déficitaires, réduction des coûts centraux...) pour quelle évolution d'activité demain (marché en déclin ou dynamique, maintien de la base client...) ?

Les actifs d'une entreprise en situation de difficulté valent moins cher que les mêmes actifs d'une entreprise en bonne santé.

C'est la raison pour laquelle il faut prendre la décision de céder les actifs au juste prix au bon moment et ne pas tarder en s'imaginant des lendemains qui chantent. L'histoire est nourrie de récits d'entrepreneurs qui ont refusé un prix et qui, quelques mois plus tard, étaient obligés de céder leurs actifs trois fois ou dix fois moins cher... quand leur entreprise ne terminait pas en redressement judiciaire.

Bien évidemment, le profil de l'acheteur influence le prix proposé : un fonds spécialisé dans le retournement des entreprises, qui prend un risque financier, propose souvent moins cher à l'achat qu'un acteur industriel, pour lequel l'acquisition d'un actif peut être stratégique.

Au-delà de cette analyse, les entreprises qui cèdent un actif ont souvent du mal à convaincre un acheteur de payer un bon prix car cela nécessite de :

- fournir une présentation exhaustive de l'actif à céder ;

- démontrer comment l'actif retrouvera une vraie

valeur et selon quelle stratégie et quel plan d'action ;

▸ présenter un business plan sur au moins trois ans ;

▸ développer un argumentaire aux fins de démontrer à l'acquéreur une rentabilité fondée sur le prix de cession souhaitée ;

▸ mettre en place une «data-room» complète pour avancer vite durant les négociations.

Trop souvent, les entreprises en difficulté qui cèdent des actifs négligent ces éléments pour diverses raisons :

▸ par excès de confiance : elles agissent comme si elles étaient en bonne santé et croient que les acquéreurs vont se battre pour leurs actifs ;

▸ par manque de temps dans cette période de crise ;

▸ par manque de moyens pour faire sous-traiter à l'extérieur par des conseils.

LA NÉGOCIATION AVEC LES CRÉANCIERS : COMMENT SE COMPRENDRE ?

Pour réussir une négociation, il faut se comprendre. Avant même de se comprendre, il faut se faire confiance. Pour se faire confiance, il faut faire preuve d'honnêteté et être juste, chaque acteur devant être convaincu qu'il fait autant, pas plus mais pas moins, d'efforts que les autres. D'où la recherche d'un point d'équilibre dans la justice.

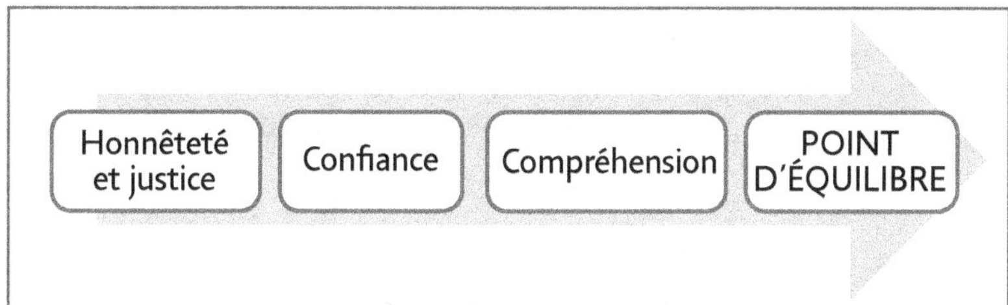

Figure 6-12 : Éléments nécessaires
à la réussite d'une négociation

Il ne faut surtout pas s'y tromper, cette recherche d'une position d'équilibre prend du temps : de nombreux mois, voire un an et plus.

> Dès la première réunion, les parties prenantes en présence doivent être capables de se donner un délai. L'expérience des acteurs habitués à cet exercice trouve là tout son intérêt.

Ce délai ne peut pas être forcé. D'ailleurs, tout délai forcé aboutit à une rupture à un moment donné dans les discussions. Il faut que le groupe ainsi constitué mûrisse en même temps et au même rythme, raison pour laquelle il est indispensable que toutes les parties soient présentes à chaque réunion. Des réunions effectuées sous l'égide d'un acteur tiers disposant d'une autorité pour obliger la présence de toutes les parties, sont parfois rendues obligatoires. Le fait que l'une des parties soit absente, il y a rupture de rythme et naissance de difficultés supplémentaires.

Cette phase de maturité est indispensable, avant la recherche d'un point d'équilibre permettant des concessions de la part de chacun autour de la table des négociations.

Essayons de mieux comprendre le jeu des acteurs. Car il s'agit d'acteurs. Chacun est animé par un objectif qui est de maximiser le potentiel retour qu'il peut obtenir de cette négociation, tout en limitant le risque potentiel à un niveau qui lui paraît acceptable. On comprend aisément que les objectifs soient divergents, chacun dans sa situation espérant un grand retour et un risque minimal. Tout l'art de la négociation est de trouver ce juste équilibre entre les prises de risques, les garanties apportées, les engagements conclus entre les acteurs.

En même temps, ces négociations sont souvent l'objet de règlements de comptes qui sourdaient depuis quelque temps. Par exemple :

- le management qui reproche aux actionnaires de ne pas avoir financé à temps des investissements nécessaires ;

- les actionnaires qui critiquent les décisions managériales et les réglementations, même si l'entreprise n'y est pour rien, qui ont modifié la cartographie des risques ;

- les banquiers qui pointent les engagements non tenus, les plans de trésorerie non respectés, les business plans trop optimistes, les investissements inconsidérés ;

▶ les créanciers qui reprochent le manque de transparence et la prise de risque engagée sur la base d'informations incomplètes.

Une fois cette phase de récriminations, de recherche de responsabilités, de chaos, terminée, l'équipe peut se mettre au travail pour trouver une issue raisonnable et qui respecte, si ce n'est les intérêts de chacun, un équilibre entre les efforts demandés à chacun.

À partir de là, il faut trouver une solution qui tienne compte :

▶ de la préservation de l'emploi et de la continuité d'exploitation, qui constituent la seule garantie de l'entreprise de pouvoir un jour rembourser ses dettes ;

▶ du juste financement des investissements nécessaires à la continuité d'exploitation, à la seule condition que ceux-ci bénéficieront d'un retour positif ;

▶ des intérêts des créanciers et des garanties à leur apporter pour qu'ils ne soient pas obligés de trop décoter la valeur de leurs dettes dans leur propre bilan.

Maintenant, tentons de comprendre comment chaque acteur va se positionner en fonction du futur prévisible de l'entreprise :

▶ Si l'activité de l'entreprise peut être préservée et que, sur le long terme, les dettes peuvent être remboursées, alors nous sommes dans le cas idéal : la discussion va se concentrer sur l'étalement de la dette dans le temps, les garanties à apporter et la prise de risque de chacun, sachant que la probabilité de chacun à être remboursé est assez forte.

- les banques vont tenter d'obtenir une garantie sur l'un des actifs de l'entreprise, de parvenir à une augmentation de leur marge, d'avoir des points de contrôle *via* des covenants leur permettant de mesurer l'évolution de leur risque dans le temps ;
- le management va tenter de régler le problème des financements indispensables pour assurer le développement normal de l'entreprise ;
- les actionnaires vont tenter d'obtenir une remontée minimale de dividendes.

▶ S'il faut obligatoirement une injection significative de cash sans quoi la continuité d'exploitation est obérée, souvent, il faut chercher un acteur tiers pour faire la « *new money* » ; c'est en général ce nouvel acteur qui dicte la musique. En effet, si les actionnaires ne suivent plus et les créanciers financiers ne souhaitent pas s'exposer davantage, ce nouvel acteur fait figure de chevalier blanc et donc de sauveur. Il faut construire la négociation en fonction de ses conditions d'entrée. Dans cette situation, la *new money* doit être considérée comme de l'argent de capital-risque.

▶ Si des cessions d'actifs sont nécessaires, voire la cession de l'entreprise à un nouvel acteur industriel ou financier, la question qui se pose est la valorisation des actifs à céder. Dans ce cas, le risque de positions divergentes est très fort :
- les créanciers voudront une valorisation en regard de leurs créances ;
- la direction voudra récupérer une partie de la cession pour financer la poursuite d'activité.

▶ Si le poids de la dette n'est plus tenable sur le court et moyen terme, le bras de fer va être intense entre le management et les créanciers, obligeant souvent à passer par des phases judiciaires plus ou moins à l'amiable. Il sera question la plupart du temps d'étalement du remboursement de la dette, voire d'abandon de celle-ci.

On va constater, sans surprise, que nombre de négociateurs représentant l'entreprise ou des institutions financières, étatiques, régionales, ne sont là que pour défendre une position. Et la position jusqu'au-boutiste de certains acteurs ne peut connaître une fin en dehors du conflit et du rapport de force.

En règle générale, sont régulièrement réunis autour de la table :

- ceux qui étudient, qui posent des questions et qui challengent les autres ;
- ceux qui suivent la majorité ;
- ceux qui veulent être les derniers à donner leur accord et qui le donneront s'ils sont certains de l'être ;
- ceux qui sont là pour en découdre, les agressifs, et qui cachent souvent leur jeu quel qu'il soit ;
- ceux qu'il faudra isoler et forcer, les jusqu'au-boutistes.

Ces positions sont souvent dictées par les concessions demandées à chacun :

- Les prêteurs seniors : abandonner leur séniorité et les garanties acquises. Dans les cas où la dette est repoussée très loin dans le temps s'apparentant à un abandon de la dette, ils essaient de compenser la nouvelle prise de risque par des taux plus élevés.
- Le management s'il est actionnaire : voir sa part de capital diluée et donc réduite alors même que le sauvetage peut reposer en partie sur ses épaules.

- Les actionnaires : se retrouver également dilués au niveau de leur part du capital.
- Les salariés : accepter une baisse des salaires ou bien des départs volontaires ou non.

En conclusion, il est important de comprendre que tout futur, pour rendre l'entreprise viable, repose sur un projet partagé par toutes les parties prenantes. Il faut que chacun sorte de la discussion en pensant que l'effort général a été partagé et que chacun a fait un effort à son niveau. C'est ce point d'équilibre qui doit être recherché. Car tous perdront quelque chose : que personne n'en doute !

LA COMMUNICATION EN PÉRIODE DE CRISE

La communication interne : vers un vrai dialogue social

La communication interne en phase de crise a été abordée en filigrane tout au long de ce livre. Nous revenons ici sur quelques règles qui peuvent sembler simples mais n'en demeurent pas moins essentielles :

- Toujours jouer la transparence. C'est un vœu pieux. C'est pourtant la seule voie de la réussite.
- Organiser des réunions régulières avec les instances représentatives du personnel (IRP), au moins une fois par mois et plus si la situation le nécessite.
- Accepter de considérer tous les salariés comme des personnes responsables et prendre le temps d'informer et d'expliquer.

Il y en a tellement d'autres, mais nous nous en arrêterons là. Ces trois règles sont déjà si difficiles à appliquer qu'il est inutile d'en édicter d'autres.

Prise de fonction et premières semaines de communication

Je me suis retrouvé à la présidence du directoire d'un grand groupe dans le secteur du tourisme.

La première réunion en présence des représentants des salariés avait été caricaturale avec son lot de critiques de la direction, de rappel des promesses non tenues, d'alertes des salariés non entendues. La méfiance, tout à fait normale, était de mise. Comme à chaque début de mission, j'ai annoncé d'emblée aux délégués que « je disais ce que je faisais et je faisais ce que je disais » et qu'ils pouvaient vérifier mes dires[1].

Deux semaines plus tard, la deuxième réunion se passa déjà mieux. Les négociations étaient toujours rudes et directes, mais constructives.

Une fois le plan de redressement arrêté, deux mois après mon arrivée, j'ai organisé une réunion avec l'ensemble du personnel et fait en sorte que la vidéo de cette réunion soit diffusée concomitamment pour les sites lointains. Mon analyse était que les salariés devaient, avant tous les autres, être convaincus en priorité du plan pour réussir à sauver la société. Encore une fois, mon franc-parler a prévalu et toutes les questions ont eu leur réponse. Tout cela a aidé à mettre en place un dialogue positif.

Je ne peux que recommander une discussion directe et parfois rude, mais franche. Je pense que les salariés ne sont pas rassurés par quelqu'un de mou qui dirait « Oui » à toutes leurs demandes. Ils préfèrent un dialogue efficace qui permette de sauver la société.

---

1. J'ai appris, bien plus tard, effectivement que les délégués s'étaient renseignés et que ma réputation m'avait servi.

La communication externe :
raconter une histoire sincèrement !

La communication externe[1] est un exercice totalement différent, qui n'a absolument rien à voir avec la communication interne. Il ne faut jamais lier les deux. Sinon, c'est le signe qu'il y a un problème de communication interne. C'est le cas lorsque des informations internes se retrouvent dans la presse ou, *a contrario*, quand des salariés apprennent par la presse des informations sur leur société (ce n'est pas à l'externe d'informer l'interne). Cela démontre la faillibilité du système de communication de l'entreprise.

L'information arrive de l'extérieur

Lorsque nous sommes arrivés dans cette société de construction immobilière, le management nous a indiqué que les salariés et les représentants des salariés n'étaient pas informés du fait que la société venait de faire nommer un administrateur judiciaire pour mener une mission dite de conciliation. Le management insistait sur la nécessité de ne surtout pas commettre d'impair et de risquer de faire « fuiter » l'information en interne.

Nous n'avons pas souhaité nous inscrire dans cette politique interne. Une semaine après notre arrivée, mon équipe RH a demandé à rencontrer les représentants des salariés et à leur parler. Bien lui en a pris car

.../...

---

1. Nous ne traiterons pas ici du cas des sociétés cotées en Bourse qui, pour des raisons évidentes liées au risque de délit d'initié, ne peuvent gérer leur communication en dehors des plages de temps annuelles où cela est possible.

.../...

> ils étaient déjà parfaitement informés par l'extérieur de leur entreprise de la situation précise ! Il n'y avait que les dirigeants pour croire l'inverse. Cette action nous a permis d'avancer sur le chemin de la confiance réciproque.
>
> Toutes les actions ont été menées en parfaite collaboration avec le management, le DRH en place, et les différentes instances représentant les salariés. Nous avons, par la suite, pu obtenir leur soutien lorsqu'il a fallu proposer un plan de départ volontaire qui a profité à des centaines de salariés de ce groupe. Tout cela sans vague, sans heurt, dans le respect mutuel de chacun.
>
> Confrontée à une crise, la communication interne avec les équipes doit être opérée avec un maximum de transparence.

Il faut être clair sur les objectifs d'une communication externe en phase de crise. Ils sont :

- de rassurer les acteurs proches : les clients en premier lieu, les fournisseurs, les financiers, les banquiers, les prêteurs, les salariés...
- d'expliquer comment l'entreprise entend se redresser ;
- de séduire les nouveaux talents.

Une fois le plan de redressement et l'ordre des phases opérationnelles arrêtés, le plan de communication peut alors venir en support. Afin de pouvoir raconter une histoire vraie avec des engagements tenus, il est bon de séquencer la diffusion de l'information au fur et à mesure de l'avancement des opérations. Il ne s'agit pas de manipuler qui que ce soit mais bien de raconter une histoire du redressement au fur et à mesure que le retournement s'opère, en montrant que l'on sait tenir les engagements pris et annoncés.

Il n'y a rien de plus fort en termes de communication que de prendre des engagements et de savoir les tenir ; c'est pourquoi il faut les annoncer au moment où l'on sait pouvoir le faire.

CHAPITRE 7

POUR SE FAIRE AIDER

De la bonne utilisation de l'outil judiciaire

Le scénario judiciaire n'est pas qu'un choix alternatif aux recherches de solutions précédentes. Tout est imbriqué : le dirigeant, l'équipe de management et les mandataires sociaux vont, en permanence, flirter avec cette ligne qui sera en partie définie par la couverture du passif exigible par l'actif disponible. Cette ligne est mouvante et difficile à déterminer. Après coup, les acteurs de justice auront, sur la base de l'analyse de l'historique, plus de facilité à l'établir que ceux qui, au quotidien, vivent la phase de crise.

Durant les négociations, en phase à l'amiable avec les créanciers comme pour une procédure de conciliation, le spectre du plan de sauvegarde, du redressement judiciaire ou encore de la liquidation, qui risque d'étaler les dettes sur parfois dix ans, va planer et ainsi aider à trouver plus facilement un accord.

QUAND FAUT-IL ALLER VOIR LE TRIBUNAL DE COMMERCE ?

Si le tribunal de commerce peut garantir la confidentialité, ce qui est normalement le cas, alors il ne faut pas hésiter à le saisir le plus rapidement possible. Il est prudent de se renseigner auprès des conseils tels que les avocats ou les administrateurs judiciaires, car il peut arriver, même si cela reste rare, que des tribunaux ne maîtrisent pas totalement la sortie d'information que certains collaborateurs du greffe ou autre département du tribunal peuvent véhiculer à l'extérieur. C'est souvent l'argument premier avancé par les chefs d'entreprise pour ne pas saisir trop tôt le tribunal. Il convient de le dire : le risque est très faible.

Il existe différentes procédures, affectant la capacité de diriger du manager :

- La conciliation et le mandat *ad hoc* : les commandes totales de l'entreprise, lors de procédures confidentielles préventives, lui sont laissées.
- La procédure de sauvegarde : les commandes presque totales lui sont laissées.
- La mise en redressement judiciaire : les commandes lui sont retirées totalement ou partiellement.

Ces procédures sont présentées ci-après.

LA CONCILIATION ET LE MANDAT *AD HOC*

Mandat *ad hoc*

Procédure préventive et confidentielle de règlement à l'amiable des difficultés, dont le but est de rétablir la situation de l'entreprise avant qu'elle ne soit en cessation de paiements.

Insistons encore une fois, ces procédures sont confidentielles et il est rare qu'il y ait une fuite d'information. L'objectif du chef d'entreprise est de se faire assister pour négocier au mieux un étalement de dettes avec certains acteurs du financement (banques, actionnaires), et pour obtenir des accords avec des fournisseurs ou des clients.

Il est important de noter que le dirigeant peut et doit choisir l'administrateur judiciaire le plus à même de l'accompagner dans cette phase délicate. La confiance doit être totale. Les deux acteurs doivent se rencontrer et présenter, pour l'un, son projet, et pour l'autre, ses références similaires.

Sur demande du chef d'entreprise, l'administrateur judiciaire ainsi nommé par le président du tribunal de commerce vient alors en support de l'action du dirigeant. Il utilise l'autorité attachée à sa fonction pour convoquer et négocier avec les différents créanciers et les autres acteurs. Toutefois, rien ne peut être imposé aux créanciers ou aux partenaires de l'entreprise. L'administrateur judiciaire peut être choisi partout en France ; il n'a pas d'obligation d'être dans la juridiction concernée, même si cela est la pratique courante.

L'administrateur judiciaire peut être nommé en tant que mandataire *ad hoc* ou en tant que conciliateur[1]. Les honoraires se négocient entre le mandataire et le chef d'entreprise.

La procédure de mandat *ad hoc* n'est pas limitée dans le temps, elle se fait généralement par période de trois à quatre mois reconductible. À tout moment, il peut être demandé au président du tribunal de mettre fin à la mission de l'administrateur judiciaire.

La procédure de conciliation doit, elle, débuter en tout état de cause avant la fin d'une période de quarante-cinq jours qui suit la constatation d'un risque de cessation de paiements. Elle dure au maximum quatre mois, et peut être rallongée d'un mois à la seule et unique initiative du conciliateur.

Dans certains cas, l'accord de conciliation peut être homologué à la demande de l'une des parties. À ce moment-là, l'information devient publique. Elle devient ainsi publique au moment où toutes les difficultés sont

---

1. L'ordonnance du 12 mars 2014 favorise le recours au mandat *ad hoc* et à la conciliation et étend la mission du conciliateur.

résolues, dans l'idéal, puisque c'est l'accord conclu entre les parties pour sauver la société qui est homologué. L'homologation renforce cet accord. Elle est, en théorie, rendue possible, si et seulement si :

> l'entreprise débitrice n'est pas en cessation de paiements ;

> l'accord est de nature à assurer la pérennité de l'entreprise ;

> l'accord ne doit pas léser les intérêts des créanciers non signataires.

Dans les faits, certains de ces points peuvent ne pas être totalement respectés. Ainsi, la garantie de pérennité à l'issue de la procédure ne peut évidemment pas être apportée.

Enfin, les créanciers ou partenaires dans le cadre de la procédure de conciliation apportant soit des fonds, soit des biens ou des services, bénéficient d'un privilège – et ce, sur tous les autres créanciers si, par la suite, l'entreprise est l'objet d'un redressement ou d'une liquidation judiciaire –, qui consiste en une priorité de paiement pour les nouvelles sommes apportées par la suite.

Si des engagements inscrits dans l'accord ne sont pas respectés, le tribunal peut, à la demande d'un des signataires, mettre fin à l'accord.

Si la conclusion d'un accord s'avère impossible, le président du tribunal met fin à la mission du conciliateur ainsi qu'à la procédure de conciliation, ce qui ouvre la voie à d'autres procédures comme la mise en redressement judiciaire.

LA SAUVEGARDE OU LA SAUVEGARDE FINANCIÈRE ACCÉLÉRÉE

La loi de sauvegarde des entreprises de 2005, révisée en 2014[1], a institué une procédure de sauvegarde pour les sociétés en difficulté qui ne sont pas en état de cessation de paiements. Cette procédure leur permet d'arrêter un plan, sous le contrôle du tribunal, pour apurer leur passif afin de poursuivre l'activité et de maintenir l'emploi.

La sauvegarde est également une procédure préventive qui doit permettre de traiter les difficultés d'une entreprise avant que celle-ci ne soit en cessation de paiements. Elle a pour but, par la mise en place d'un plan de sauvegarde, de rendre possible la continuation de l'activité de l'entreprise, au besoin en la réorganisant, de maintenir l'emploi et d'apurer ses dettes.

La procédure de sauvegarde débute par une période d'observation de six mois maximum renouvelable, sans pouvoir excéder dix-huit mois.

Là encore, la procédure se fait à l'initiative du chef d'entreprise[2] qui peut choisir son administrateur judiciaire et négocier avec lui ses honoraires car, même si le taux horaire est fixé, il est fréquent que les administrateurs judiciaires, en particulier ceux qui sont

---

1. Cette loi a été révisée le 12 mars 2014 afin de prévenir les risques de l'entreprise avec plus d'efficacité et de simplifier les déclarations de créances pour les procédures collectives. Elle permet aussi à un créancier d'initier un plan de sauvegarde ou de redressement judiciaire.

2. L'ordonnance du 12 mars 2014 permet à présent aux créanciers de proposer un plan de sauvegarde concurrent de celui envisagé par le dirigeant.

réputés et donc très efficaces, négocient un honoraire de résultat comme un pourcentage sur la dette restructurée ou bénéficiant d'un moratoire. Les montants payés dans certaines grosses opérations peuvent atteindre des centaines de milliers d'euros, voire des millions dans quelques rares cas.

L'objectif est d'aboutir à un plan de sauvegarde qui va étaler les différentes dettes, procéder à des cessions ou à des objectifs de cessions et définir des conditions d'application sur une période pouvant aller jusqu'à dix ans.

La sauvegarde financière accélérée, quant à elle, est ouverte dans le cadre d'une procédure de conciliation. Son but est d'aboutir à un accord avec une majorité des deux tiers d'une classe de créanciers financiers concernés par la procédure ; cet accord devant être trouvé en un mois, éventuellement étendu à deux mois.

LE REDRESSEMENT JUDICIAIRE : PLAN DE CONTINUATION OU LIQUIDATION

Le redressement judiciaire n'est jamais une étape facile ; elle est même traumatisante. C'est toujours un choc pour le ou les dirigeants. On a beau essayer de dédramatiser, il n'en reste pas moins que cela est encore vécu comme une infamie même si cela ne devrait pas être le cas.

Le redressement judiciaire est soit organisé, soit imposé. Il vaut mieux être dans le premier cas de figure.

- Le redressement est organisé lorsqu'il devient un choix stratégique mûrement aménagé pour geler les dettes et les étaler sur une période pouvant atteindre une dizaine d'années. Un plan va permettre la relance de l'activité pour sauver l'entreprise et également rembourser les créanciers sur le long terme. Cela s'organise vraiment.

- Le redressement est imposé quand la direction n'a pas d'autres choix. Face aux courriers recommandés qui s'amoncellent en provenance des créanciers, face aux huissiers qui défilent, le dépôt de bilan va être décidé.

> Il ne faut pas négliger le risque que la mise en redressement judiciaire ouvre la possibilité à tout tiers de faire une offre de reprise de l'entreprise.

Le choix tactique de la mise en redressement judiciaire est une option lorsque :

- un processus à l'amiable n'a pas abouti (une procédure de sauvegarde infructueuse) ;

- il faut céder un actif ou fermer un site fortement et durablement déficitaire ;

- il faut apurer l'entreprise de certains risques que le repreneur refuse de prendre à sa charge ;

- il faut faire évoluer une situation où des minoritaires bloquent un accord depuis trop longtemps.

L'issue d'un redressement judiciaire bien mené peut consister, dans une minorité de cas, en une restructuration bénéfique permettant une relance de l'activité.

Il faut bien prendre en compte que la procédure de redressement est coûteuse et destructrice de valeur.

- Souvent, le coût est totalement sous-estimé car, dans l'esprit des représentants de l'entreprise, il est impossible qu'une société au bord du précipice soit ponctionnée; c'est pourtant le cas par la justice, le greffe, les conseils divers, les administrateurs et autres mandataires. Cela n'a rien de choquant, c'est leur métier et, s'il est bien fait, mérite rémunération.

- La procédure étant publique, l'information circule et la perte de valeur des actifs, dont le fonds de commerce, peut alors être significative.

La procédure dure entre six mois et dix-huit mois et se termine par:

- un plan de continuation sur une période de souvent dix ans avec poursuite de l'activité et remboursement de la dette sur dix ans; une cession partielle ou totale peut être décidée en plan de continuation.

- une liquidation avec ou sans cession.

Le plan de continuation

En phase de redressement judiciaire si une entreprise démontre que, d'une part, elle peut avoir une exploitation rentable, d'autre part, elle peut rembourser ses dettes sur le long terme, souvent une période pouvant atteindre une dizaine d'années, alors il est décidé de mettre en place un plan de continuation. Les mêmes acteurs (management, actionnaires) sont maintenus dans un cadre où le plan doit être exécuté sur la durée définie et ainsi désintéresser les créanciers.

Cette méthode est finalement la bonne sortie de la procédure de redressement judiciaire puisqu'un simple contrôle sera réalisé annuellement pour s'assurer que le plan de continuation est bien appliqué.

Au travers de l'exemple ci-après, nous allons décrire une situation exceptionnelle où même une institution judiciaire peut se retrouver en difficulté. C'est un cas d'école qui pourrait, à lui seul, nécessiter d'écrire un livre pour entrer dans les détails.

Le judiciaire dans des situations extrêmes

En cette fin d'année 2006, je reçus l'appel d'un avocat me demandant d'organiser, dans les 24 heures, la prise de contrôle de quatre hôtels en France, incluant le Royal Monceau, l'un des sept palaces parisiens de l'époque.

Voici en quelques lignes les conditions dans lesquelles s'est effectuée cette prise de contrôle.

Inauguré en 1928, le palace est, depuis 2010, sous la gestion du groupe Raffles Hotels & Resorts, spécialisé dans l'hôtellerie de luxe. Ce palace appartenait, depuis 1978, par l'intermédiaire d'une cascade de sociétés, à l'ex-président syrien. La société d'exploitation de cet hôtel avait déjà rencontré des difficultés en 1996, donnant lieu à un premier dépôt de bilan. La sortie du redressement judiciaire s'était alors faite *via* un plan de continuation qui prévoyait, en date du 1er août 1997, l'étalement sur dix ans du remboursement de la dette du groupe. À cette date, le passif était supérieur à 450 millions d'euros[1].

Entre 2006 et 2007, alors que les dernières échéances du plan se profilaient, la direction du groupe rencontrait

.../...

---

1. Avec un passif si important, ce dossier avait attiré l'attention d'une commission d'enquête parlementaire, menée par Arnaud Montebourg sur les tribunaux de commerce, qui se posait la question des conditions de la mise en place d'un tel plan de continuation. Ces travaux nous ont été fort utiles dans la recherche de solutions à nos problèmes rencontrés.

.../...

des difficultés de trésorerie. Ne trouvant plus de financements auprès des établissements bancaires, la direction avait recherché des alternatives et était ainsi entrée en relation avec un groupe d'investisseurs privés qui avait accepté de prêter près de 120 millions d'euros en contrepartie d'une garantie assise sur le transfert de propriété des hôtels, laissant cependant la jouissance du bien à l'exploitant en place. Un tel montage financier remettait alors au goût du jour un dispositif ancien : le contrat de réméré[1]. Le contrat n'ayant finalement pas été honoré, les investisseurs obtinrent une ordonnance du tribunal de commerce leur permettant de prendre possession de leur bien. Cependant, l'ancien propriétaire n'avait nullement l'intention de tenir son engagement, et dénonçait même une prise de possession arbitraire de ses biens. Il s'était donc fermement opposé au transfert de propriété.

La première partie de la mission consista, sans stopper l'exploitation, en une prise de contrôle opérationnelle. En vingt-quatre heures, la prise de contrôle était donc effective et l'activité se poursuivait. En outre, nos clients investisseurs nous avaient clairement stipulé qu'il fallait tout faire pour préserver un climat social stable en s'engageant à améliorer les conditions de travail et à maintenir l'emploi. Et cet engagement a véritablement été tenu par la suite.

L'équipe d'intervention était composée de patrons opérationnels spécialistes de l'hôtellerie, recrutés pour l'occasion, et de consultants spécialistes dans la gestion

.../...

---

1. Un contrat de réméré permet au propriétaire de vendre son bien en contrepartie d'un prêt, tout en conservant une faculté de rachat. L'ancien propriétaire n'est plus propriétaire de son bien, mais reste occupant du bien pendant une certaine durée. Au terme de ce délai et s'il parvient à rembourser son prêt, il redevient propriétaire.

de crise avec des profils RH, finance, communication, stratégie. Soit, au total, une vingtaine de personnes sur l'ensemble des sites. L'équipe allait travailler de façon très proche, et en parfaite coordination avec l'équipe du client qui souhaitait préserver son investissement et réduire son risque.

La phase de prise de contrôle, hormis les actions opérationnelles, était constituée quotidiennement de 4 réunions :

▶ une réunion de briefing de l'équipe mission avec la liste des tâches à accomplir, le matin tôt ;

▶ une réunion avec le client pour le tenir informé du déroulement ;

▶ une réunion avec le personnel sur site pour le tenir également informé ;

▶ une réunion de débriefing en fin de journée.

Une fois la prise de contrôle effective, il fallut faire, en trois semaines, un bilan exhaustif de l'activité, soit évaluer le solde du passif et estimer le montant des rénovations nécessaires au vu des installations hôtelières qui se détérioraient. Et nous fûmes surpris de découvrir un passif qui était encore supérieur à 250 millions d'euros.

Dès lors, s'amorcèrent plusieurs mois de procédures judiciaires avec l'ancien propriétaire qui revendiquait toujours la propriété de son ancien bien, d'actions visant à améliorer la gestion de ces exploitations déficitaires et d'actions ayant pour but de céder l'actif principal qui nécessitait plus de 50 millions d'euros de travaux pour rester au standing de palace, somme que les investisseurs impliqués ne pouvaient pas financer. La cession eut finalement lieu en octobre 2007, et l'actuel propriétaire et, bien entendu, lancer les travaux nécessaires. Cette cession termina notre mission.

.../...

...⁄...

La liquidation

Si la situation de l'entreprise est telle que les charges courantes, salaires ou charges de fonctionnement, ne peuvent plus être couverts, et ce quel que soit le plan proposé, avec ou sans réduction des effectifs, alors le tribunal n'a pas d'autre choix que de prononcer la liquidation de l'entreprise.

Mandataire judiciaire

Il est nommé par le tribunal pour représenter les créanciers, préserver les droits financiers des salariés et réaliser les actifs des entreprises au profit des créanciers lors d'une liquidation judiciaire.

La liquidation revient à geler le passif à une certaine date, puis à céder l'ensemble des actifs de l'entreprise, en bloc ou par morceau, pour aboutir à l'entrée maximale de cash. En règle générale, un mandataire est nommé pour officier en tant que liquidateur et a la lourde tâche de tenter de rembourser au maximum les créanciers. Pour ce faire, il doit soit vendre tout ou partie de l'entreprise, soit récupérer toutes les sommes retirables de l'entreprise. Les fonds obtenus sont alors répartis entre les différents créanciers selon un certain ordre de priorité[1] :

1. Les créances salariales, dont le montant n'a pas été avancé par l'Association pour la gestion du régime de garantie des créances des salariés (AGS) et dont les salariés restent titulaires.

2. Les frais de justice, nés après le jugement d'ouverture pour les besoins du déroulement de la procédure.

3. Les créances garanties par un privilège de conciliation, c'est-à-dire les prêts consentis et les créances résultant des contrats en cours dont le créditeur a accepté de recevoir un paiement différé (ces prêts et délais de paiement sont autorisés par le juge-commissaire dans la limite nécessaire à la poursuite de l'activité et font l'objet d'une publicité).

4. Les créances, garanties par des sûretés immobilières.

5. Les créances, contractées après le jugement qui ouvre la liquidation judiciaire[2] pour les besoins du déroulement de la procédure ou du maintien provisoire de l'activité en contrepartie d'une prestation fournie au débiteur.

6. Les créances chirographaires, c'est-à-dire les créances qui ne disposent d'aucune garantie particulière leur permettant d'être payées avant les autres. La répartition du solde éventuel se fait entre les différents créanciers chirographaires au prorata de leurs créances.

---

1. Conformément à l'article L. 641-13 du Code de commerce définissant l'ordre de paiement des créanciers, modifié par l'ordonnance du 12 mars 2014.

2. L'ordonnance du 12 mars 2014 réduit dorénavant la procédure de liquidation judiciaire simplifiée de un an à six mois.

Souvent, lorsqu'il y a des emplois en jeu, les chefs d'entreprise vont sous-estimer le risque de mise en liquidation. Ils sont dans l'impossibilité de penser que 50, 100 salariés, voire beaucoup plus, vont se retrouver au chômage. Et pourtant…

Aucune entreprise, quelle que soit sa taille, n'est à l'abri d'une mise en liquidation.

La liquidation peut prendre plusieurs formes :

- La fermeture pure et simple de l'entreprise, avec :
  - le licenciement du personnel dont les indemnités minimales seront prises en charge par le fonds de garantie des salaires (AGS…) ;
  - la fermeture et la libération des locaux ;
  - la vente des quelques actifs, tables, chaises, ordinateurs, outils industriels mais également marques et brevets…
- La cession d'activité, avec tout le personnel attaché à cette activité. À la barre du tribunal, une reprise partielle du personnel peut cependant être proposée. En règle générale, le tribunal privilégie les reprises offrant le maximum de garantie au personnel au détriment du montant payé qui viendrait indemniser les créanciers.

Il est tout à fait normal de protéger l'emploi mais en cascade, une faillite importante pourra faire disparaître des petites PME qui verront leurs créances non payées et générant à ce niveau de nouvelles difficultés.

CONCLUSION

Les limites du sauvetage : voir plus loin

Cette conclusion se veut conceptuelle, voire prospective ; une réflexion sur les sujets d'aujourd'hui en anticipant ceux de demain.

L'ANTICIPATION : UN EXERCICE DIFFICILE POUR LE MANAGEMENT

Le futur ne peut qu'être beau, l'inconscient collectif est ainsi fait. C'est pourquoi l'exercice de noircir le futur, en anticipant les difficultés, n'est jamais facile. Il est toujours pénible à intégrer avec son lot de déni des situations de crise, de sous-estimations des difficultés, d'optimisme forcené et déraisonnable... En fait, c'est cela qui nous permet de vivre, nous devons tous rêver d'un avenir plus radieux.

Les dirigeants, les entrepreneurs ont réussi à construire leur entreprise en faisant partager leur rêve aux autres. Alors cet exercice est encore plus difficile. Ils se prennent à penser qu'ils réussiront toujours à contourner les obstacles.

Sans un accompagnement, sans une écoute active, sans une relation de confiance avec un tiers, le chef d'entreprise aura toujours du mal à mesurer les difficultés à venir.

Une gouvernance non complaisante est la réponse à cet exercice. On ne peut pas en vouloir à une équipe dirigeante de ne pas voir la réalité et les difficultés ; cet ouvrage a longuement expliqué pourquoi. La solution ne peut venir que par l'organisation d'un vrai contre-pouvoir, qui n'existe pas de façon efficace aujourd'hui :

- les salariés ne peuvent que difficilement agir au risque d'être accusés d'intensifier la crise ;
- les actionnaires non opérationnels n'ont pas toute l'information ;
- les conseils de surveillance n'existent que par une bonne cohabitation des membres où nombreux sont ceux qui se cooptent.

Les solutions existent dans certaines situations où il y a une claire séparation entre organes de direction et organes de contrôle. Cela peut être le cas dans des entreprises familiales au sein desquelles la famille n'exerce plus aucun rôle opérationnel et où le management opérationnel est laissé à des professionnels jugés sur leurs résultats (L'Oréal, Hermès..., par exemple).

Le législateur a commencé à réfléchir aux comportements nuisibles lorsque toutes les couches de management et de contrôle sont imbriquées. Les solutions existent, mais les arbitrages ne sont toujours pas faits, car ils sont complexes.

Y A-T-IL DE BONNES IDÉES À L'ÉTRANGER POUR AMÉLIORER LE DISPOSITIF FRANÇAIS ?

La première idée qui vient à l'esprit est presque toujours orientée vers le terrain judiciaire. Le juriste chevronné verra sûrement de grandes différences entre les procédures américaines, européennes, françaises. L'opérationnel que je suis n'y verra pas forcément de grandes différences.

Il existe une mise en liquidation pour payer les créanciers dans un ordre parfois différent (avec le chapitre 7[1] aux États-Unis) ou bien la mise en redressement judiciaire avec étalement des dettes et plan de restructuration (avec le chapitre 11[1] aux États-Unis). En effet, le propriétaire aux États-Unis va devenir un «Debtor In Possession», ce qui revient à dire qu'il est redevable à ses créanciers mais qu'il reste aux manettes tout en acceptant de se conformer à un certain nombre de règles qui lui permettent de piloter son entreprise, tout en tenant informés ses créanciers de la valeur des actifs. Ce système permet aux créanciers de penser qu'ils seront un jour bien remboursés. Il est vrai que le système anglo-saxon donne, en règle générale, plus de pouvoir aux créanciers que le système latin auquel appartient la France ; et ce, même si les dernières lois de 2014 infléchissent cette position.

Au-delà de cela, tous les pays reconnaissent la responsabilité pénale des dirigeants quand ils sont en situation d'état de cessation de paiements et continuent à commander des produits, des services ou à faire travailler des personnes, alors même qu'ils ne peuvent pas honorer le paiement des sommes dues. Bien sûr, la définition de l'état de cessation de paiements ou de la sanction peut différer d'un pays à l'autre, mais le principe reste le même.

---

1. Il y a une réelle difficulté à traduire l'utilisation dans le système judiciaire américain des «chapter 7» et «chapter 11».

	France	Grande-Bretagne	Allemagne	Pologne	États-Unis	Canada
1	Salariés	Bloc des créanciers avec ordre de séniorité: banques prêteurs fournisseurs	Salariés	Salariés	Bloc des créanciers avec ordre de séniorité: banques prêteurs fournisseurs	Bloc des créanciers avec ordre de séniorité: banques prêteurs fournisseurs
2	Managers salariés	État	Managers salariés	Managers salariés	État	Salariés
3	État	Salariés	Bloc des créanciers avec ordre de séniorité: banques prêteurs fournisseurs	Bloc des créanciers avec ordre de séniorité: banques prêteurs fournisseurs	Salariés	Managers salariés
4	Bloc des créanciers avec ordre de séniorité: banques prêteurs fournisseurs	Managers salariés	État	État	Managers salariés	État
5	Comptes courants d'associés	Comptes courants d'associés	Comptes courants d'associés	Comptes courants d'associés	Comptes courants d'associés	Comptes courants d'associés
6	Managers actionnaires	Managers actionnaires	Managers actionnaires	Managers actionnaires	Managers actionnaires	Managers actionnaires
7	Actionnaires	Actionnaires	Actionnaires	Actionnaires	Actionnaires	Actionnaires

*Exemple d'ordre de priorité des créanciers
en cas de défaillance d'entreprise par pays*

Les lois sur la sauvegarde des entreprises de 2005 et les suivantes ont largement rénové le cadre judiciaire français. La sauvegarde financière accélérée est également un bon outil. La France s'est également dotée d'institutions spécifiques, le CIRI et même un ministère qui englobe ces sujets... tout en se situant à la limite de ce que Bruxelles peut accepter au nom de la liberté de la concurrence!

Néanmoins, le rôle des administrateurs judiciaires reste à renforcer. Il me semble indispensable d'avoir un administrateur différent entre celui qui essaie de sauver l'entreprise en phase amont du redressement judiciaire et celui qui accompagne l'entreprise en phase de redressement judiciaire. Il ne m'a jamais paru sain de retrouver le même administrateur dans chacune des deux phases pour des raisons évidentes. Certains rétorquent à cela qu'il est bien plus efficace, car il connaît déjà le dossier. Soit! Mais il faut s'organiser pour savoir passer la main. Il faut que l'administrateur, même s'il n'en est en rien responsable, sache que le passage d'une phase de conciliation à une phase de redressement judiciaire aura également un impact sur sa mission. Aux États-Unis, le système n'est pas le même, mais les entités en charge de ce travail sont, avant tout, jugées sur la qualité de leurs résultats passés.

Par ailleurs, il semble évident qu'il faut prévoir des procédures différentes en fonction de la taille des entreprises. En effet, sur 60 000 entreprises en difficulté en France, les deux tiers sont des entreprises individuelles qu'il faut traiter rapidement en s'assurant qu'il n'y a pas eu de malversations.

Alors où se situeront les différences? Dans la mise en œuvre et dans l'état d'esprit dans lequel les choses se déroulent. Les différences sont essentiellement culturelles et, à ce titre, ancrées dans le quotidien de chacun. Voici un exemple.

Sauvetage d'une entreprise au Canada

Dans le milieu des années 2000, j'avais accepté de prendre la direction opérationnelle d'un acteur de l'industrie du jeu vidéo en sérieuse difficulté. Cet acteur possédait une filiale à Montréal avec 200 salariés, au bord de l'état de cessation de paiements. Et il est apparu tout de suite que la paie de fin de mois ne serait pas assurée.

Avec l'actionnaire principal qui s'était installé sur place, nous avons opté pour la mise à pied temporaire de près de 80 % du personnel. Celle-ci permettait de renvoyer une partie des salariés ; ils étaient pris en charge par l'équivalent de notre assurance chômage pour une durée maximale de six mois. Au bout de ce délai, si une solution n'était pas trouvée, il fallait procéder à un licenciement économique, comme en France.

Avec 80 % de l'effectif en moins, nous avons pu passer l'échéance de la fin du mois. Par ailleurs, comme nous avions payé des impôts les années précédentes et que nous serions en large déficit à la fin de l'année en cours, nous avons demandé le remboursement des impôts payés précédemment. En France, c'est également possible, mais le remboursement se fait plus tardivement. Toutes ces actions nous ont permis de relancer l'activité.

Nous avions alors opté pour une solution qui consistait à céder l'activité à l'un des leaders mondiaux présents sur place qui était en plein développement. En deux mois, nous avions vendu l'activité et surtout réintégré l'ensemble du personnel. Tous les emplois étaient sauvés.

J'ai alors constaté deux différences avec la France :

▸ **La confiance dans le chef d'entreprise**, jugé comme une personne responsable. Il peut prendre la décision

…/…

.../...

‣ de mettre à pied, sans accord préalable. Il est remboursé des sommes demandées, sans contrôle préalable. Les contrôles arrivent plus tard. En cas de fraude, la prison en est souvent l'issue. Le chef d'entreprise est présumé honnête et responsable, le système lui fait confiance.

‣ **La position des curseurs** : on aide l'entreprise au bon moment. L'argent et les facilités arrivent au début du processus de sauvetage et non plus tard. C'est également une conséquence directe du premier point.

Sinon, sur le fond tout est équivalent. On l'aura compris, c'est une question d'état d'esprit.

QUELLES RÉFORMES POUR LA FRANCE ?

Il n'est pas de mon propos d'orienter le lecteur vers de potentielles solutions que j'ai, bien entendu, à l'esprit. Je vais m'efforcer de poser les bonnes questions et d'apporter des éléments permettant à chacun de prolonger, en étant d'accord ou pas, sa propre réflexion.

Je laisse volontairement de côté les petites entreprises et les très grandes. Les petites entreprises car les chiffres le démontrent, elles sont dans un flot naturel de disparition/création qui se compense annuellement. Quant aux très grandes entreprises, elles mobilisent normalement en amont des ressources importantes pour les sauver (quoique des exemples nous interpellent). Nous allons nous intéresser ici aux entreprises qui créent des emplois et qui ne seront pas remplacées rapidement, les ETI et certaines PME-PMI de plus de 400 salariés.

Aller jusqu'au bout d'un système existant

La distinction «plus de 400 salariés» et «moins de 400 salariés» existe déjà. Le CIRI agit pour les entreprises de plus de 400 salariés et les régions agissent pour les entreprises de moins de 400 salariés. Ne serait-il pas judicieux d'aller au bout du processus en organisant un système dédié au traitement des difficultés des entreprises de plus de 400 salariés?

Ce système rendrait compte de la capacité des acteurs habilités à intervenir sur les problèmes complexes que rencontrent ces entreprises:

- Les tribunaux de commerce: combien sont-ils habitués à traiter des cas importants avec toutes ses subtilités afférentes? C'est au corps consulaire de se saisir de ce sujet sensible de la compétence des juridictions et de proposer des solutions. L'une d'entre elles consisterait dans le transfert des dossiers lourds à certaines autorités qui en ont la capacité et l'expérience de traitement.

- Les administrateurs judiciaires: ils rêvent tous du gros dossier, mais combien sauront le traiter efficacement? Là encore, la solution consisterait à transférer les dossiers compliqués à ceux qui y sont habituellement confrontés.

- Les conseils: leur multiplication nuit au processus organisationnel de prise en charge. Une solution serait de regrouper les conseils et de les rapprocher pour une plus grande efficacité.

De plus en plus de professions sont réglementées, assorties d'un *numerus clausus*. Les administrateurs judiciaires, les commissaires aux comptes, les huissiers, les avocats exercent ainsi dans ce cadre. Les conseillers en investissements financiers (CIF), dépendants de l'Autorité des marchés financiers (AMF), et les intervenants opérationnels vont bientôt l'intégrer. Mais aujourd'hui, pour certaines professions, le sujet sensible du *numerus clausus* revient sur le devant de la scène, avec la proposition du maintien de la réglementation mais non assortie d'une limitation de nombre. Le législateur tente désespérément, depuis le Rapport Attali de 2008, de faire avancer cette proposition qui rencontre des résistances.

Par ailleurs, concernant les procédures de prévention, de bonnes idées émergent ici ou là, comme celle consistant à informer rapidement la chambre de prévention du tribunal de commerce lorsqu'une entreprise constitue des dettes fiscales ou sociales.

Éviter les collusions préjudiciables

La fusion de certaines compétences au sein de grands cabinets devrait être favorisée pour éviter les collusions. La nouvelle loi de 2014 sur la non-prise en charge des coûts de restructuration lors des négociations des dettes est une avancée historique à condition qu'elle ne soit pas contournée, chacune des parties prenantes devant payer les conseils qu'elle sollicitera.

Accompagner l'émergence de fonds dédiés au retournement des entreprises

Les guichets de financement des entreprises en difficulté ne sont pas lisibles. Le seul qui existe aujourd'hui est le Fonds de développement économique et social (FDES), qui est le levier du CIRI pour prêter sur les opérations sensibles et n'intervient que sous forme de prêt. Ponctuellement, la Banque publique d'investissement (BPI) et la Caisse des dépôts et consignations (CDC) peuvent intervenir. La France manque cruellement d'organismes privés d'envergure pouvant contribuer au financement des opérations de retournement, et ainsi échapper au contrôle de Bruxelles.

Rééquilibrer la réglementation entre les actionnaires, les salariés, les créanciers

Une entreprise appartient totalement à son management et à ses actionnaires lorsqu'elle est libre de dettes. Pourtant, peu d'entreprises parviennent à cette liberté. En règle générale, une entreprise est redevable :

- des salaires qui ne sont payés qu'en fin de mois à ses salariés ;
- des charges sur salaires et taxes qui, souvent, ne sont réglées qu'après constatation de l'exigibilité à l'État et aux organismes sociaux ;
- des emprunts à moyen ou long terme à ses banques ;
- des règlements à ses fournisseurs qui lui ont octroyé des délais ;
- du capital ou des comptes courants à ses actionnaires.

Une entreprise ne vit pas en autarcie. Et même celle qui prétendrait ne pas avoir de dettes n'est pas exempte pour autant d'engagements auprès de ses salariés, de ses fournisseurs ou de l'État.

En cas de difficulté, des jeux très subtils se mettent en place entre l'entreprise et TOUS ses créanciers ; depuis les salariés jusqu'aux actionnaires en passant par les banques et l'État.

La question centrale est le maintien de la meilleure valeur des actifs de l'entreprise afin de pouvoir couvrir la plus grande partie du passif exigible. Souvent, cette logique indiscutable échappe à certains. Il convient de ne pas l'oublier. Par exemple, quelques-uns peuvent avoir la tentation de brader des actifs, juste pour tenir un petit moment de plus, retardant une fin inéluctable et réduisant les chances de désintéresser les créanciers.

Quelle réglementation et pour qui? C'est la question.

- Les actionnaires ont investi dans un projet et ont ainsi permis la création d'une entreprise.

- Les salariés ont rejoint ce projet et mis leurs compétences au service de cette entreprise plutôt que d'en choisir une autre.

- Les créanciers ont souhaité gagner de l'argent en accompagnant un projet.

Qui doit être sacrifié avant un éventuel rebond? Dans l'idéal, personne! Chacun doit faire des efforts.

Les engagements financiers d'une entreprise sont multiples: vis-à-vis des investissements programmés pour construire le futur, concernant la formation et le développement des compétences, et envers les organismes qui ont prêté de l'argent.

À la fois:

- On ne peut pas réfléchir sous l'unique angle financier en envoyant une bonne partie de l'entreprise «à la casse» pour rembourser les dettes. En même temps, si on ne le fait pas, alors il ne faut pas s'étonner que les financiers refusent de s'engager sur d'autres dossiers à risque.

- On ne peut pas agir en préservant l'emploi au détriment de tout le reste. Cela conduirait à une situation où l'entreprise deviendrait isolée et ne ferait plus que survivre difficilement.

- On ne peut pas financer les investissements et bâtir un futur qui sera plus beau si l'entreprise n'a pas su solder le passé ; qui nous dit qu'elle ne recommencera pas ?

> Tout est question d'équilibre, chacun doit perdre, chacun doit aider, chacun doit être indemnisé.

Cependant, la notion de créanciers chirographaires, et donc simples, *versus* les créanciers privilégiés (État et salariés) vient déjà bousculer le fragile équilibre que nous irions rechercher. Bien sûr, cette distinction de nature de créancier peut s'expliquer et l'on ne saurait pas facilement la remettre en cause, mais tout est une question d'état d'esprit. En effet, comment demander un jeu équilibré aux acteurs s'il existe déjà dans la législation des facteurs de déséquilibre ? Une réflexion est à creuser ici...

VERS LA NÉCESSITÉ D'UNE ÉVOLUTION CULTURELLE

S'ajoute aux éléments précédemment cités, le poids du facteur culturel. Les Français détestent et ont peur de l'évolution de leur société. Ils constatent que leur modèle social est un échec et peut être une impasse. Le chômage de masse, le blocage de l'ascenseur social, l'épuisement de l'intégration, l'expansion de l'insécurité, les déficits publics colossaux en sont l'expression.

Et dans le même temps, les Français voient en la mondialisation non une chance pour échapper à cet échec mais un modèle qui risque de les priver de leurs «acquis sociaux».

Toutes les enquêtes le prouvent, nous sommes les Européens les plus anxieux, les plus pessimistes sur notre avenir. Et la situation économique actuelle ne fait qu'offrir à nos concitoyens un terrain d'autant plus propice à l'anxiété et qui s'exprime par des angoisses, troubles du sommeil, dépressions... Autant de troubles auxquels les Français sont de plus en plus nombreux à succomber et qui sont soignés pour l'essentiel par des psychotropes[1]. Le problème, c'est que ces anxiolytiques se contentent de calmer les troubles et non de les guérir.

Bien qu'ils soient conscients de la nécessité du changement, les Français s'opposent pourtant systématiquement à chaque nouvelle réforme qu'ils perçoivent comme une remise en cause d'eux-mêmes. La France est encore dans une culture professionnelle de rapport de forces entre le patronat et les salariés où un problème se solde fréquemment par un conflit et des grèves avant même d'entamer des négociations, à la différence d'autres pays. Le changement, ainsi que toute la résistance mise en place pour y répondre, génère alors un facteur de stress supplémentaire qui peut dépasser le niveau de pression qu'un individu peut supporter. Ce sont pour ces raisons que certaines techniques de management anglo-saxonnes ne sont pas transposables, sans ajustement, à certaines populations européennes, notamment la nôtre. À cet égard, on ne peut que déplorer les séries de suicides qui ont

---

1. Selon une étude de l'Agence nationale de sécurité du médicament (ANSM), près d'un tiers des Français consomment des psychotropes.

touché certaines grandes entreprises françaises (France Telecom et Renault) alors que ces méthodes avaient été appliquées sans discernement.

L'évolution culturelle passe par une exemplarité du législateur et des acteurs au plus haut niveau de l'État. Par exemple, il nous faut penser collectivement à passer d'une culture d'aversion aux risques à une culture du risque calculé en sortant de la constitution le principe de précaution.

LE SAUVETAGE DE L'ENTREPRISE : UNE AVENTURE HUMAINE !

Nous l'aurons bien compris à travers la lecture de ce livre, les moments où nous sauvons les entreprises peuvent être des moments de changements et, lorsqu'ils sont bien pensés, des moments d'élévation et de mutation vers leur progrès. C'est l'antithèse du schéma selon lequel «on trait la vache» en tirant le maximum de bénéfices le temps d'une relance avant que l'entreprise ne tombe à nouveau, cette politique sans investissements lui faisant perdre de la «substance», et ce, jusqu'à sa disparition.

Il faut éviter que, une fois sauvée, l'entreprise ne se remette dans la configuration qui l'a conduite à cette phase de difficulté. Le challenge est de casser le poids des habitudes, de ne pas accepter les «nous faisons cela, car nous l'avons toujours fait», de sortir des schémas de pensée unique, et de se poser les vraies questions.

Ces moments charnières de la vie des entreprises peuvent être vécus comme des moments de renaissance où il ne faut pas s'empresser de reconstruire sur les fondations du passé, mais plutôt retenir les bonnes pratiques et laisser de côté les moins bonnes. Attention, cela n'est possible que par palier de maturité!

Il est vain de penser la meilleure organisation possible si l'entreprise n'a pas atteint le niveau de maturité nécessaire pour l'intégrer.

Cela devient alors des moments où une entreprise peut renouer avec son passé pour mieux construire son futur. Au-delà de ce cliché, c'est en fait un temps où l'on va faire le tri et retirer au passé ce qu'il avait de pire pour ne conserver que le meilleur. C'est ainsi que des IBM, des Toyota ou des Apple ont pu rebondir et redevenir des entreprises phares, en donnant un sens partagé avec leur management, leurs employés, leurs investisseurs, leurs partenaires et surtout leurs clients.

Évidemment toutes les sociétés n'ont pas ces tailles et ces destinées. Mais au niveau de chacune des entreprises, nous pouvons faire ce travail d'élévation et de sauvetage en donnant un sens à leur poursuite d'activité.

C'est dans ces conditions que nous donnerons «DU SENS AU SAUVETAGE DES ENTREPRISES».

POSTFACE

«J'ai des réponses approximatives, des croyances possibles et un certain degré de certitude sur certaines choses, mais je suis certain d'une chose c'est de n'avoir aucune certitude.»

Richard Feynman

En écrivant ce livre, j'ai relu cette citation du physicien Richard Phillips Feynman. Bien que cette phrase soit porteuse d'un sens pourtant bien connu, j'ai voulu qu'elle conclue mon livre car après y avoir délivré mon point de vue avec force et conviction, je souhaite revenir à une posture humble.

Ainsi, je remercie chaque lecteur qui le souhaitera, de m'écrire pour quelque commentaire, remarque ou question à :

dsc@zalis.com

BIBLIOGRAPHIE

OUVRAGES THÉMATIQUES DE LANGUE FRANÇAISE

De par la complexité du sujet et la difficulté à traduire des ouvrages anglo-saxons, il n'existe pas encore de livres en français qui traitent du sauvetage de l'entreprise dans sa globalité. C'est pourquoi les ouvrages cités ci-après, qui appartiennent au même univers de référence, sont classés par thèmes.

Le volet juridique : les procédures judiciaires du traitement des entreprises en difficulté

Groupe *Revue fiduciaire*, *Restructuration d'entreprises*, 2012.

André Jacquemont, *Droit des entreprises en difficulté*, Lexis Nexis, 2011 (7ᵉ édition).

Alain Lienhard, *Sauvegarde des entreprises en difficulté. Nouvelles pratiques issues de la réforme*, Dalloz-Sirey, 2007 (2ᵉ édition).

Philippe Pétel, *Procédures collectives*, Dalloz, 2014 (8ᵉ édition).

Jean-Marc Tariant, *L'essentiel de la reprise de l'entreprise : facteurs de succès, montages juridiques optimums, cas pratiques*, Eyrolles, 2012.

La gestion des risques en entreprise

Jérôme Barrand, *Le manager agile. Agir autrement pour la survie des entreprises*, Dunod, 2012 (2e édition).

Rachel Beaujolin-Bellet, Géraldine Schmidt, *Les restructurations d'entreprises*, La Découverte, 2012.

Michel Boulaire, *Redresser rapidement une entreprise. Guide pratique pour les dirigeants et repreneurs*, Eyrolles, 2008.

Aurélie Boyer, *Protection des salariés et sauvetage de l'entreprise: quête d'un équilibre*, Presses universitaires d'Aix-Marseille, 2006.

Michel Cattan, Nathalie Idrissi, Patrick Knockaert, *Maîtriser les processus de l'entreprise*, Éditions d'Organisation, 2008 (6e édition).

Jean-David Darsa, *La gestion des risques en entreprise. Identifier, comprendre, maîtriser*, Gereso, 2013 (3e édition).

Henri-Pierre Maders, Jean-Luc Masselin, *Contrôle interne des risques. Cibler, évaluer, organiser, piloter*, Eyrolles, 2014.

Bertrand de Taisne, *Réussir le redressement de votre entreprise*, L'Entreprise, 2009.

La communication de crise

Emmanuel Bloch, *Communication de crise et médias sociaux*, Dunod, 2012.

Didier Heiderich, *Plan de gestion de crise*, Dunod, 2010.

Thierry Libaert, *La communication de crise*, Dunod 2010, (3e édition).

La gestion financière des difficultés de l'entreprise

Jean-David Darsa, *Risques stratégiques et financiers de l'entreprise*, Gereso, 2011.

Michel Dietsch, Joëlle Petey, *Mesure et gestion du risque dans les institutions financières*, Revue banque, 2008, (2ᵉ édition).

Thierry Roncalli, *La gestion des risques financiers*, Economica, 2009 (2ᵉ édition).

Mirouna Verban, Yann de Kergos, Iris Dekkiche, *Opérations de restructuration dans les groupes de sociétés. Aspects fiscaux et comptables*, EFE, 2012.

OUVRAGES ANGLO-SAXONS, NON TRADUITS EN FRANÇAIS, COUVRANT L'ENSEMBLE DU SUJET

John Adair, *Decision Making and Problem Solving Strategies*, Kogan Page, 2010.

Stuart C. Gilson, *Creating Value Through Corporate Restructuring – Case Studies in Bankruptcies, Buyouts, and Breakups*, John Wiley & Sons, 2010 (2ⁿᵈ edition).

Stephen & Douglas Hopkins, *Crafting Solutions for Troubled Businesses*, BeardBooks, 2006.

Joan Van Aken, Hans Berends, Hans van der Bij, *Problem Solving in Organizations – A Methodological Handbook for Business and Management Students*, Cambridge University Press, 2012 (2ⁿᵈ edition).

TABLE DES ILLUSTRATIONS

Maquette et mise en pages : Florian Hue

N° d'éditeur : 5029
Dépôt légal : Mai 2022
Imprimé en Allemagne par BoD